książki Burda

Anna Lewandowska

Healthy mama

PORADNIK ZDROWEJ MAMY

SPIS TREŚCI

ROZDZIAŁ III

PRZEPISY 110

ROZDZIAŁ IV

AKTYWNOŚĆ FIZYCZNA W CIĄŻY 241

DROGA CZYTELNICZKO, DROGA PRZYSZŁA MAMO!

Tworzenie tej książki i zapisywanie każdej kolejnej jej karty towarzyszyło jednemu z najważniejszych i najpiękniejszych okresów w moim życiu. Pomysł, aby podzielić się z Tobą moimi obserwacjami, doświadczeniem oraz wiedzą zdobytą w ostatnich latach, powstał już dawno temu. Jednak przełomowym momentem, który popchnął mnie do jej napisania, była wizyta w gabinecie lekarskim. Lekarz prowadzący ciążę na jednej z pierwszych wizyt ocenił wyniki badań, przeprowadził szczegółowy wywiad i zdumiony moim zaangażowaniem w zdrowy tryb życia, dietę i świadomy trening, powiedział: „Nie wiem, co pani je i robi, ale musi to pani gdzieś opisać".

Faktycznie, w czasie ciąży nie dokuczały mi żadne poranne nudności ani zachcianki. Nie miałam zgagi, zaparć, większych problemów ze snem ani wielu innych mało przyjemnych dolegliwości. Jestem pewna, że zawdzięczam to między innymi dbaniu o zdrowie, zbilansowanej diecie, aktywności fizycznej i równowadze psychicznej. Specjalistyczna wiedza o zdrowym żywieniu, doświadczenie trenerskie i wsparcie medyczne, o które zadbałam, jeszcze planując ciążę, pomogły mi w przygotowaniach, a ich zastosowanie spowodowało, że śmiało mogę powiedzieć, iż te dziewięć miesięcy oczekiwania na mojego Maluszka było naprawdę pięknym i niezapomnianym okresem. Przeżyłam je bez huśtawek nastrojów i nieustającego zaglądania do lodówki. Stosowane przeze mnie zasady pomogły zapobiec większości nieprzyjemnych przypadłości ciążowych, dlatego

chciałabym przekazać swoje doświadczenie również Tobie. Zdaję sobie sprawę, że każdy organizm jest inny, inaczej reaguje, ma inne potrzeby i czasem niektóre z nas wymagają indywidualnych porad. Te zawarte w książce sprawdziły się u mnie, więc mam nadzieję, że pomogą i Tobie!

Chciałabym, aby ta książka była motywacją dla kobiet, które z troski o siebie i dziecko pragną zadbać o wspólne zdrowie. Chcę namówić Cię do podjęcia świadomych i zdrowych wyborów, które pomogą i Tobie, i Twojemu maluszkowi. Niech zawarte w niej wskazówki pomogą także na dalszych etapach życia Twojego i całej rodziny. Wierzę, że raz zaszczepione dobre nawyki zaowocują dobrym samopoczuciem, a Twoje dziecko uniknie kłopotów zdrowotnych również w późniejszym życiu.

Temat książki jest bliski mojemu sercu i bardzo osobisty, ponieważ tak samo jak Ty pragnęłam być zdrową kobietą w ciąży, a teraz chcę być zdrową mamą zdrowego dziecka.

PODZIĘKOWANIA

Przede wszystkim dziękuję mojemu mężowi!
Ciąża była dla nas jednym z najpiękniejszych etapów
we wspólnym życiu, a teraz tyle jeszcze przed nami...
Dziękuję za wsparcie i nieustającą motywację, miłość i wiarę.

Dziękuję mojej mamie, która przeżywała ze mną ten magiczny okres,
jak zawsze otaczała mnie opieką i dzieliła się ze mną doświadczeniem.

Dziękuję moim wszystkim bliskim i przyjaciołom, którzy
wspierali mnie NA KAŻDYM kroku i dodawali otuchy.

Naszej córeczce na pamiątkę

MAMA ♥

Szczególne podziękowania kieruję do ekspertów,
którzy dzielili się ze mną swoją wiedzą oraz doświadczeniem:

dra n. med. Jacka Szymańskiego
dra n. biol. med. Patrycji Szachty
trenera personalnego i dietetyki Edyty Litwiniuk
specjalisty ds. żywienia Łukasza Sieńczewskiego

PRZEDMOWA

W ostatnim czasie coraz więcej uwagi poświęca się nowoczesnemu stylowi życia (sposobowi odżywiania, aktywności fizycznej, spędzaniu wolnego czasu). Dlatego też szczególnie ważną sprawą jest sposób odżywiania w okresie przedprokreacyjnym oraz w ciąży.

Niniejsze opracowanie napisane przez dietetyka i trenera wyczynowego stanowi niezbędny poradnik dla przyszłych mam w aspekcie zarówno sposobu żywienia, jak i psychofizycznego przygotowania się do przyszłego macierzyństwa.

Książka zawiera aktualne dane dotyczące zasad prawidłowego żywienia, ze szczególnym uwzględnieniem podaży podstawowych składników: białek, tłuszczów i węglowodanów, witamin oraz makro- i mikroelementów. Zwraca także uwagę na rolę mikrobiomu oraz stosowanie prebiotyków i probiotyków w ciąży i okresie karmienia dla zdrowia mamy i przyszłego dziecka, jak również ich rolę w kształtowaniu odporności i profilaktyce alergii oraz nadwrażliwości pokarmowej. Przykładowe diety pozwolą wdrożyć zasady prawidłowego sposobu żywienia. Zamieszczone zdjęcia świetnie wizualizują ćwiczenia, które przyszłe mamy powinny wykonywać, by ułatwić przyjście na świat oczekiwanego potomka, oraz rozwiewają mit, że nie należy ćwiczyć w czasie ciąży (jak widać, ćwiczenia nie szkodzą, a są wręcz niezbędne dla zdrowia, dobrego samopoczucia zarówno w ciąży, jak i podczas połogu oraz w dalszym okresie).

Książka Anny Lewandowskiej stanowi pierwsze tego typu opracowanie kompleksowo ujmujące styl życia kobiety – przyszłej mamy. Przybliża w przystępny sposób, jak powinna odżywiać się kobieta w ciąży oraz w jaki sposób przygotować się na przyjście oczekiwanego dziecka. Zawiera również propozycje, jak radzić sobie z różnymi dolegliwościami. To przewodnik prowadzący przyszłą mamę przez meandry pierwszych dziewięciu miesięcy przyszłego macierzyństwa.

Opracowanie to należy polecić nie tylko kobietom, ale również ich partnerom, którzy winni je wspierać w tym dość trudnym, ale jakże szczęśliwym okresie życia, oraz położnym, pielęgniarkom, pod których opieką przyszłe mamy się znajdują.

prof. nadzw. dr hab. n. med. Iwona Ignyś

EM · PA

1+1=3

CZYLI JAK PRZYGOTOWAĆ SIĘ DO CIĄŻY WE DWOJE

KILKA GŁÓWNYCH ZASAD

ZADBAJ O WŁAŚCIWĄ DIETĘ

Podjęliście już decyzję o powiększeniu rodziny, a zatem czas się do tego przygotować, aby zapewnić maluszkowi jak najlepszy start. Najbliższe miesiące będą pełne zmian i wyzwań. Przede wszystkim przyszli rodzice powinni zadbać o właściwą dietę. Sposób odżywiana matki ma bezpośredni wpływ na stan zdrowia kolejnych dwóch pokoleń, dlatego Twoja dieta jest bardzo ważna. Przyjrzyj się swoim nawykom żywieniowym, zastanów się, co warto zmienić, i postaraj się skorygować upodobania kulinarne. Niektórym kobietom trudno się przestawić na zdrowszy tryb życia dopiero po zajściu w ciążę – zwyczajnie pokusa jest zbyt silna, a wola za słaba. Jeśli planujesz ciążę, zmień przyzwyczajenia kubków smakowych już teraz. Nie zapominajmy o roli taty, który może być ogromnym wsparciem we właściwym odżywianiu, podsuwając zdrowe przekąski i eliminując również ze swojego menu zakazane produkty. Więcej informacji o nich znajdziesz w dalszej części książki. Często słyszy się o tatusiach, którzy wspierali przyszłe mamy z takim zaangażowaniem, że im również udało się przybrać na wadze. Proponuję odwrotne rozwiązanie! Teraz jest czas na zadbanie o zdrowie całej rodziny i zmianę złych nawyków żywieniowych. Zacznijcie jeść zdrowo, a jeśli w kuchni zabraknie słodyczy i gazowanych napojów, to wasze dorastające dziecko nie będzie przyzwyczajone do sięgania po nie.

Przygotowanie ciała do ciąży jest bardzo ważne, a dieta odgrywa tu kluczową rolę, dlatego istotna jest świadomość, jaki wpływ mają poszczególne produkty na zdrowie Twoje i dziecka. Każda z nas jest inna i to, co pomaga jednej mamie, może zaszkodzić drugiej. Warto przeprowadzić badanie na nietolerancję pokarmową, które pozwoli uniknąć kilku „niespodzianek". Będziesz wiedziała, które produkty mogą doprowadzić do mdłości, gorszego samopoczucia, a nawet problemów zdrowotnych u obojga z Was.

Podstawą diety powinny być zbilansowane makroskładniki: przede wszystkim tłuszcze, ale też białka i węglowodany. Spożywaj pełnoziarniste produkty w postaci kasz, a nie chleba czy makaronów. Równie ważne są regularne posiłki, które oduczą organizm magazynowania tłuszczu. Jeśli będziesz mu dostarczać pożywienie o tych samych porach, zaprogramujesz swoje ciało tak, że nie będzie tworzyło zapasów w obawie przed postem. Taka praktyka pozwala również szybciej zredukować nadmierną masę ciała.

Jeżeli Twoim ulubionym śniadaniem jest mocna kawa, a obiadem fast food, to czas zmienić przyzwyczajenia. Słodycze, używki, niezdrowe przekąski oraz przetworzone produkty bogate w konserwanty mogą mieć wpływ na złe samopoczucie w czasie ciąży, ale też zagrozić zdrowiu Twojemu i dziecka. Pamiętaj, że obróbka termiczna też ma ogromne znaczenie! Zadbaj, by jadłospis był zbilansowany i wartościowy, bogaty w warzywa, owoce (o których więcej w kolejnej części książki), zdrowe tłuszcze roślinne i zwierzęce, pełnowartościowe białko, a także produkty z pełnego ziarna i kasze. Później dowiesz się, co jest szczególnie polecane kobietom w ciąży, a z czego lepiej zrezygnować. Odpowiednia dieta jest korzystna dla dziecka, a mamie zapewni przyjemniejszą i bezpieczniejszą ciążę.

Urządzenie dziecięcego pokoju, wybór farby i mebelków są bardzo ważne, ale **najlepszy prezent, jaki możemy dać swojemu dziecku, to zdrowe odżywianie, które będzie miało wpływ na całe jego życie już od okresu płodowego!** Uwierz mi, że dobre wybory żywieniowe oszczędzą Ci wielu trosk o zdrowy rozwój maluszka.

POPRACUJ NAD KONDYCJĄ

Bardzo ważne jest rozpoczęcie treningów jeszcze przed zajściem w ciążę, aby uelastycznić ciało, poprawić wydolność i przygotować je do dużych zmian. Systematyczne ćwiczenia zapewnią Ci także dobre samopoczucie, podniosą wydolność organizmu, poprawią ogólną sprawność fizyczną i wprawią w lepszy nastrój. Endorfin nigdy dość! Regularny trening pomaga również znieść trudy ciąży – być może nigdy nie doświadczysz obrzęków, żylaków oraz bólu pleców, które są zmorą większości ciężarnych.

Odpowiednie ćwiczenie takich partii ciała jak kręgosłup, brzuch, nogi i miednica ułatwi Tobie i dziecku ten ważny moment, jakim jest poród. Potraktuj aktywność fizyczną jako część przygotowania do porodu, a nie wyłącznie jako sposób dbania o sylwetkę. Czeka Cię wielki wysiłek i dobrze jest się do tego odpowiednio przygotować. Trening sprawi, że znacznie szybciej wrócisz do formy po ciąży. Oczywiście ciało każdej z nas jest inne i dlatego przed przystąpieniem do ćwiczeń należy skonsultować się z lekarzem! Może się okazać, że wspólnie zrealizujemy plan treningowy przewidziany na trzy trymestry albo że dla Ciebie doskonałe będą jednak wolne spacery. W książce znajdziesz treningi dopasowane do poszczególnych etapów ciąży oraz wskazówki, które pomogą zachować bezpieczeństwo Twoje i dziecka.

Twój współczynnik BMI (Body Mass Index) powinien wynosić więcej niż 18, ale mniej niż 25. Jeśli Twoja waga jest za niska lub zbyt wysoka, postaraj się to naprawić przed poczęciem dziecka. Skonsultuj się z lekarzem lub dietetykiem, który podpowie, jak zdrowo ustabilizować wagę. Nieprawidłowa masa bardzo często powoduje rozregulowanie gospodarki hormonalnej, a zatem problemy z owulacją. Osiągnięcie prawidłowej wagi ciała ułatwi więc zajście w ciążę.

Jeśli waga matki jest za niska lub za wysoka, wzrasta prawdopodobieństwo, że dziecko będzie miało nieprawidłową wagę urodzeniową, a w przyszłości grozi mu otyłość i wiele innych poważnych chorób. Jeżeli planujesz ciążę, to teraz nadszedł czas, aby zadbać o zdrowie i odpowiednią wagę, a jeśli ciąża była niespodzianką, zacznij się zdrowo odżywiać, ale na pewno nie odchudzać!

PRZYJMUJ KWAS FOLIOWY

Jest niezbędny dla każdej kobiety planującej ciążę i w jej trakcie. Nasz organizm nie potrafi sam go wytworzyć, dlatego konieczne jest dostarczanie go wraz z pożywieniem oraz suplementacja. Coraz częściej lekarze zalecają przyjmowanie kwasu foliowego nawet sześć miesięcy przed zajściem w ciążę, ale szczególnie istotne są trzy miesiące przed poczęciem. Co do zalecanej ilości zdania są podzielone, ale warto zaufać specjalistom z Instytutu Matki i Dziecka, według których dzienna zalecana dawka to 0,4 miligrama. Kwas foliowy ma ogromny wpływ na zdrowie dziecka i zapobiega wadom cewy nerwowej płodu, wspomaga proces dzielenia się komórek i powstawania czerwonych krwinek. W późniejszych miesiącach ciąży wpływa na odpowiedni wzrost płodu oraz prawidłową masę urodzeniową dziecka, chroni przed przedwczesnym porodem, a także stanem przedrzucawkowym. Wielu badaczy jest zdania, że odpowiedni poziom kwasu foliowego chroni płód przed zespołem Downa, a starsze dzieci przed ADHD.

W kolejnych rozdziałach przeczytasz więcej o suplementacji w ciąży i jej wpływie na rozwój płodu oraz na Twoje samopoczucie.

GINEKOLOG I BADANIA

Zadbaj o siebie bardziej niż kiedykolwiek! Prawidłowe odżywianie jest niezwykle ważne, ale powinnaś też poświęcić czas na kompleksowe badanie lekarskie. Już teraz należy pomyśleć o wyborze zaufanego ginekologa, który poprowadzi ciążę. Lekarz przeprowadzi standardowe badanie jak podczas rutynowej wizyty i zleci kilka dodatkowych badań, takich jak morfologia, badanie moczu, poziom glukozy, hormony tarczycy, cytologia, USG narządów rodnych, a także skontroluje obecność przeciwciał różyczki, toksoplazmozy i cytomegalii. Warto również odwiedzić dentystę, gdyż w ciąży trudniej leczyć wszelkie stany zapalne i ubytki, które jednocześnie mogą się okazać groźne dla dziecka. Jeśli chorujesz na coś przewlekle i przyjmujesz leki, koniecznie skonsultuj to z lekarzem specjalistą, pod którego opieką jesteś – dostaniesz szczegółowe wskazówki co do dalszego postępowania.

UWAŻAJ NA INFEKCJE

Organizm ciężarnej jest częściej narażony na infekcje z powodu obniżonej odporności, dlatego dbanie o zdrowie w ciąży jest niezwykle ważne. Każda choroba, nawet niegroźna, dla ciężarnej, a przede wszystkim dla dziecka może się okazać bardzo szkodliwa. Jadłospis przyszłej mamy jest obwarowany licznymi zaleceniami, co wolno, a czego należy unikać, aby zapewnić sobie i dziecku zdrowie i dobre samopoczucie. Na przykład jedzenie serów pleśniowych, produktów z niepasteryzowanego mleka, surowego bądź niedogotowanego mięsa i ryb oraz jajek i wielu innych produktów może być ryzykowne. Bakterie, które mogą się znajdować w tych produktach, powodują zakażenia pokarmowe i rozwój chorób groźnych dla Ciebie i dziecka.

ODSTAW UŻYWKI

Zarówno planując macierzyństwo, jak i będąc w ciąży, powinnaś bezwzględnie odstawić używki takie jak papierosy, alkohol i oczywiście narkotyki. Nie służą płodności, gdyż zakłócają kobiecy cykl, są także bardzo szkodliwe dla zdrowia płodu i mogą nawet doprowadzić do poronienia.

CIESZ SIĘ SEKSEM

Wcześniejsze nieudane próby poczęcia sprawiają, że z czasem pary za bardzo skupiają się na staraniach o dziecko. Każdemu zbliżeniu towarzyszą stres i napięcie, że może się nie udać. Seks staje się rutynową czynnością, a nie naturalną dla pary okazją do zbliżenia i czułości. Seks uprawiany spontanicznie, dla przyjemności zwiększa szanse poczęcia. Dbajcie o siebie nawzajem, obdarzając się miłością i uczuciem. Poczęcie dziecka to największy cud świata. Wspólnie cieszcie się seksem i życiem! Korzystajcie z pięknych chwil tylko we dwoje, bo dziecko nie zawsze będzie pamiętało, że przed wejściem do sypialni rodziców warto zapukać.

ŻYWIENIE W CIĄŻY

Rozwój płodu jest uzależniony od wielu czynników, a do najważniejszych należą środowiskowe, w tym niedobór lub nadmiar składników pokarmowych. Te ostatnie decydują o procesach metabolicznych i hormonalnych dziecka, a następnie dorosłego człowieka. Ich nadmiar lub niedobór może doprowadzić do wielu powikłań metabolicznych i sercowo-naczyniowych. Jeśli starasz się zajść w ciążę, powinnaś wiedzieć, że **zdrowe odżywianie jest jednym z najwspanialszych prezentów**, jakie możesz dać dziecku. To prezent na długie lata, ponieważ Twoja dieta wpływa na wiele aspektów zdrowia dziecka. Spożywając dużo zalecanych gatunków ryb, dostarczysz sobie i maleństwu odpowiedniej dawki kwasów omega-3 i wpłyniesz na doskonały rozwój mózgu, inteligencję oraz zdolności koordynacyjne i poznawcze dziecka. Pamiętaj jednak, że wody są często zanieczyszczone, a co za tym idzie – mięso ryb, dlatego należy jeść ryby pochodzące z odpowiedniego źródła. Jeśli chcesz urodzić optymistę bez skłonności do depresji, zadbaj o dostarczenie sobie wszystkich niezbędnych składników odżywczych, gdyż udowodniono, że niedożywione matki rodzą dzieci o introwertycznej i pesymistycznej osobowości. Twoje żywienie w czasie ciąży ma decydujący wpływ na rozwój wszystkich narządów wewnętrznych płodu, wybieraj

W JAKI SPOSÓB ZDROWE ODŻYWIANIE WPŁYWA NA MAMĘ?

Wiele kobiet źle znosi ciążę i nie może w pełni cieszyć się chwilami, kiedy w ich łonie rozwija się dziecko. Odpowiednia dieta może pomóc uniknąć wielu dolegliwości, takich jak zgaga, poranne nudności i obrzęki. Odżywiając się dobrze, zapewnisz sobie zdrowie i doskonałe samopoczucie, a wolny czas zamiast na wizyty w toalecie będziesz mogła wykorzystać na urządzanie pokoju dla dziecka i aktywne przygotowywanie się do porodu. Będziesz miała więcej energii, którą możesz wykorzystać na treningi. Zdrowe odżywianie w ciąży nie tylko dostarczy Ci energii, której będziesz potrzebowała podczas porodu, ale także pomoże szybko wrócić do formy sprzed ciąży. Zdrowe przyzwyczajenia żywieniowe pozytywnie wpłyną na całą rodzinę.

ZDROWE
ODŻYWIANIE
JEST JEDNYM
Z NAJWSPANIALSZYCH
PREZENTÓW,
JAKIE MOŻESZ
DAĆ DZIECKU.

więc najlepsze i najzdrowsze produkty i... korzystaj, póki dziecko się nie sprzeciwia. Odpowiednia dieta ma również bezpośredni wpływ na masę urodzeniową maluszka. Jeśli jest ona za niska bądź zbyt wysoka, może to oznaczać mniej lub bardziej poważne dolegliwości zdrowotne. Ponadto Twoje wybory żywieniowe niejako programują dziecko i uczą je szukać podobnych i znajomych smaków. Jeśli w ciąży zajadałaś się słodyczami, dziecko będzie je uwielbiać, a jeśli na deser jadłaś grejpfruty, to możesz się spodziewać wytrawnego podniebienia u potomstwa.

PROBLEMY Z ZAJŚCIEM W CIĄŻĘ

Bezskutecznie starasz się zajść w ciążę? Daj sobie troszkę więcej czasu i przyjrzyj się pewnym aspektom swojego życia. Często przyszli rodzice starają się powiększyć rodzinę i kiedy pierwsze próby kończą się niepowodzeniem, natychmiast szukają fachowej pomocy medycznej, zapominając, jak źle na płodność mogą wpływać z pozoru nieszkodliwe codzienne nawyki. Poza nadwagą i niewłaściwą dietą poczęcie mogą utrudniać również inne czynniki.

Jednym z częstych powodów, dla których zajście w ciążę sprawia kłopot, może być wszechobecny w naszym życiu stres. Dotyczy to obojga rodziców, ale głównie kobiet, które najczęściej same siebie obciążają winą za brak dziecka. To sprawia, że spirala negatywnych emocji się nakręca, a do tego dochodzą problemy w pracy, prowadzenie domu, rachunki, cieknące krany, szczekający pies i koleżanki z wózkami na spacerze w parku. Napięcie spowodowane stresem tylko pogłębia problem. Stajemy się poirytowane i wybuchowe, unikamy bliskości, a to oddala nas od partnera. Stres również zaburza gospodarkę hormonalną. U mężczyzn może wywołać problemy z erekcją i brak satysfakcji ze współżycia, a w konsekwencji unikanie kontaktów seksualnych. Stres powoduje też pogorszenie jakości nasienia. Plemniki są mniej ruchliwe, a ich żywotność znacznie mniejsza. Organizm zestresowanej kobiety nie produkuje odpowiedniej ilości śluzu szyjkowego, jej cykle miesiączkowe i owulacje są rozregulowane przez nadmierną ilość prolaktyny wyprodukowaną przez przysadkę mózgową w odpowiedzi na stres. Badania Narodowego Instytutu Zdrowia i Uniwersytetu w Oksfordzie potwierdzają, że pojawienie się hormonów stresu utrudnia zapłodnienie. Wyniki wykazały, że dzieje się tak na skutek wzrostu alfa-amylazy – enzymu trawiennego wywołanego obecnością adrenaliny. Kobiety, które miały wyższy poziom tego enzymu, nie mogły zajść w ciążę. Pamiętaj więc o tym, że tylko Ty jesteś w stanie zapanować nad swoim stresem. Pogódź się z rzeczami, których nie możesz zmienić. Zabierz przyszłego tatę na spacer albo do kina i zadbaj o przyjemniejszą atmosferę... także w sypialni.

Częstym powodem braku potomstwa są zaburzenia układu hormonalnego, który decyduje o bardzo ważnych procesach życiowych, jak wzrost, rozwój, przemiana materii oraz płodność. Jeśli u kobiet występuje zaburzenie fazy lutealnej, polegające na produkcji niewystarczającej ilości progesteronu, może to skutkować trudnościami z zajściem w ciążę lub z donoszeniem jej. Niekiedy przyczyną niepłodności jest nadmierna produkcja prolaktyny, która zakłóca owulację i utrudnia zagnieżdżenie się zapłodnionej komórki jajowej. Niektóre kobiety cierpią na przypadłość zwaną zespołem policystycznych jajników polegającą na nadmiernej produkcji męskich hormonów przez jajniki, na których zaczynają się tworzyć torbiele, inaczej zwane cystami. Zaburzony jest też proces owulacji. Często bagatelizuje się dolegliwości tarczycy, w których tkwi źródło problemu z płodnością. Jeśli nie wytwarza ona odpowiedniej ilości hormonu odpowiedzialnego za wzrost i metabolizm, to miesiączki mogą być poważnie rozregulowane.

Zaburzenia hormonalne mogą również wpłynąć na płodność u mężczyzn. Często dotykają ich problemy wywołane cukrzycą, niską produkcją testosteronu lub niezdrowym stylem życia, które źle wpływają na żywotność plemników.

Zawsze podkreślam, że aktywność sprzyja zdrowiu, ale niekiedy trzeba zrezygnować z ćwiczeń, aby zadbać o lepsze samopoczucie i bezpieczeństwo. Zbyt intensywny trening może mieć zgubny wpływ na owulację, a co za tym idzie – na poczęcie. Również utrata tkanki tłuszczowej może zakłócić równowagę hormonalną. Dla każdej z nas zbyt intensywny trening będzie oznaczał coś innego, ale jeśli zauważysz, że miesiączki są nieregularne i tracisz zbyt dużo centymetrów albo kilogramów, zwolnij tempo.

Głowa rodziny też nie ma łatwo, do tego dochodzi poczucie odpowiedzialności za bliskich, a w tle często jest stres. To sprawia, że pogarsza się jakość nasienia i zmniejszają szanse na zapłodnienie komórki jajowej. Zarówno mama, jak i tata muszą się postarać, by mieć zdrowego i silnego bobasa. Zatem, drodzy tatusiowie, dla Was również mam kilka wskazówek. Pamiętajcie, aby zdrowo się odżywiać i prowadzić aktywny tryb życia. Należy wykluczyć używki, przede wszystkim papierosy. Nie zapominajcie o zdrowym, długim i spokojnym śnie oraz urlopie przynajmniej raz w roku.

Niepłodność wywołana przepracowaniem znacznie częściej dotyczy mężczyzn i ściśle wiąże się ze wspomnianym stresem. W niektórych przypadkach zarówno kobieta, jak i mężczyzna mogą być przemęczeni, zdenerwowani, apatyczni i niestabilni emocjonalnie. Natura nie ułatwia takim parom poczęcia, gdyż broni się przed słabszymi jednostkami. To brzmi okrutnie, ale takie są fakty.

PARY NASTAWIONE OPTYMISTYCZNIE, PEŁNE ENERGII I ŚWIADOME SWOJEJ WARTOŚCI MAJĄ ZNACZNIE WIĘKSZE SZANSE NA POCZĘCIE.

NIEZBĘDNE BADANIA, WSPARCIE MEDYCZNE I WYBÓR LEKARZA

Ciąża to wielka przygoda zarówno dla mamy, jak i dzidziusia, dlatego dobrze jest się do niej odpowiednio przygotować i jak najbardziej sobie umilić te kilka nadchodzących miesięcy. Wiele razy mówiłam o znaczeniu zdrowej diety dla rozwoju płodu i będę to powtarzać, ale nie umniejszam ogromnej roli medycyny w poczęciu i urodzeniu dziecka. Dlatego tak ważne jest, abyś się znalazła w dobrych rękach, otoczona odpowiednią opieką.

Wybierz lekarza najlepszego dla siebie. Niech to będzie świetny specjalista, a także ktoś w rodzaju przyjaciela. Nie podejmuj pochopnej decyzji. Niech kluczem nie będzie łatwy dojazd do przychodni. Zanim zdecydujesz, czytaj fora, opinie, słuchaj przyjaciółki, mamy, a przede wszystkim własnej intuicji. Oddajesz w jego ręce siebie i swoje dziecko, więc lekarz powinien się cieszyć Twoim zaufaniem i sympatią. Dobrym testem będzie pierwsza wizyta, na której prawdziwy specjalista zada wiele pytań i zrobi szczegółowy wywiad, aby poznać nie tylko przebyte choroby i czynniki mogące zagrażać ciąży, ale i Ciebie. Dobry lekarz na pewno nie zapomni zapytać o choroby przewlekłe i leki, które przyjmujesz, a także zaplanuje dalsze postępowanie. Jeśli takie są Twoje oczekiwania, to również miło będzie, jeśli lekarz zaoferuje swój numer prywatny, dając Ci komfort psychiczny i spokój, którego najbardziej potrzebujesz w tym czasie.

Skonsultuj się z ginekologiem na kilka miesięcy przed planowaną ciążą. Może się okazać, że wcześniej warto zadbać o profilaktykę, mimo że jesteś okazem zdrowia. Specjalista w zakresie wiedzy ginekologicznej i położniczej zaleci różne badania, które pozwolą w porę wyłączyć ewentualne dolegliwości lub uzupełnić braki witamin czy składników mineralnych niezbędnych do rozwoju płodu i dobrego samopoczucia.

Jednym z pierwszych badań, które powinno się znaleźć na Twojej liście, jest **morfologia.** Lekarz zleci je, aby sprawdzić skład krwi i wykluczyć takie choroby jak niedokrwistość. Dodatkowo ważne jest określenie grup krwi Twojej i ojca ze względu na ryzyko wystąpienia groźnego dla dziecka konfliktu serologicznego. Możliwe, że w takim wypadku będziesz musiała około 28. tygodnia ciąży oraz do 72 godzin po porodzie przyjąć zastrzyk z immunoglobuliny, ale o tym decyduje lekarz.

Bardzo istotne jest też pełne badanie ginekologiczne, w tym **USG narządów wewnętrznych i cytologia**. Skontroluj czystość pochwy, sprawdź, czy nie masz nadżerki albo grzybicy, które mogą powodować komplikacje ciążowe, a nawet poronienia. Wykrycie rozmaitych infekcji i stanów przedrakowych pozwoli w porę zatrzymać rozwój poważnych chorób, na przykład nowotworu szyjki macicy.

Nie zapominaj o dokładnym zbadaniu **poziomu hormonów tarczycy**. Może się okazać, że jest nieodpowiedni i należy go wyrównać przed zajściem w ciążę. Jest to bardzo ważne, bo ich niedobór często prowadzi do poronienia i niepłodności, a nadmiar może spowodować przedwczesny poród. Przy okazji sprawdź również poziom **anty TPO** (przeciwciał przeciwko peroksydazie tarczycowej, czyli enzymowi produkowanemu przez komórki tarczycy) oraz **anty TG** (przeciwko tyreoglobulinie – hormonalnemu białku produkowanemu przez komórki tarczycy) – pozwolą one zdiagnozować stany zapalne tarczycy na tle autoimmunologicznym, takie jak choroba Hashimoto.

Jeżeli jeszcze tego nie zrobiłaś, to najpóźniej sześć miesięcy przed zajściem w ciążę zaszczep się przeciwko **zapaleniu wątroby typu B**. Żółtaczką wszczepienną (WZW), która bywa przyczyną poronień, możesz się zarazić przy prostych zabiegach medycznych. By mieć pełny obraz stanu zdrowia tego ważnego narządu, zrób **próby wątrobowe**.

Jeżeli nigdy nie chorowałaś na **różyczkę** i nie byłaś na nią szczepiona, na pewno warto się zaszczepić. Ta choroba w czasie ciąży może spowodować wady rozwojowe u dziecka.

Zdrowe zęby są bardzo ważne, ponieważ do leczenia i zatruwania niektórych ubytków wykorzystuje się środki, które poprzez krwiobieg docierają również do dziecka i mogą być dla niego groźne. Z kolei próchnica oraz stany zapalne przyzębia mogą być potencjalnym źródłem uogólnionego zakażenia, bardzo niebezpiecznego dla Ciebie i płodu.

Stężenie cukru to kolejna rzecz, której należy się przyjrzeć przed poczęciem, by ochronić siebie i dziecko przed cukrzycą ciążową. Sprawdź również swoją tolerancję na glukozę, czyli przeprowadź badanie zwane **krzywą cukrową,** oraz oznacz **poziom insuliny.**

Równie ważne jest **badanie moczu**, które pozwoli wykryć ewentualne bakterie czy też inne zmiany sugerujące chorobę nerek, mogącą być przyczyną bardzo poważnych powikłań w przebiegu ciąży.

Pomocne będzie także regularne **kontrolowanie ciśnienia krwi**. Dzięki temu zredukujesz ryzyko wystąpienia stanu przedrzucawkowego, którego jednym z objawów jest nadciśnienie tętnicze.

Sprawdź **poziom prolaktyny i progesteronu**, gdyż ich nieprawidłowe wartości mogą utrudniać zajście w ciążę i jej utrzymanie.

Jeżeli już dawno podjęliście decyzję o powiększeniu rodziny, a ciągle nie ma oczekiwanych rezultatów, sprawdź poziom **FSH i LH**. Hormony gonadotropowe: folitropina i lutropina odgrywają ważną rolę podczas starań o dziecko. Ich nieodpowiedni poziom może poważnie zaburzać pracę narządów płciowych.

Istotna jest **witamina D**, której zbyt niski poziom może utrudnić zajście w ciążę, a w przyszłości jej utrzymanie. By chronić siebie i maleństwo, sprawdź jej poziom.

Sprawdź również poziom **selenu, cynku i miedzi**. Te składniki mają ogromny wpływ na przebieg ciąży, rozwój płodu i dobre samopoczucie przyszłej mamy. Szczegółowo piszę o tym w następnym rozdziale.

Zrób badanie na pasożyty, czyli **eozynofile**. Jeżeli wynik badania będzie pozytywny, wylecz się, zanim zajdziesz w ciążę.

Sprawdź, czy masz również odpowiedni poziom **zonuliny**, białka odpowiedzialnego za szczelność jelita. Norma powinna wynosić 160, a jeżeli wynik będzie inny, wyklucz z diety zboża, pestki, orzechy, rośliny strączkowe i oczywiście gluten!

Zrób badanie na obecność częstego wirusa **cytomegalii**, który może być groźny dla rozwoju płodu.

Jeśli masz nawet najmniejsze podejrzenia, że mogłaś się zarazić przez transfuzję krwi lub kontakty seksualne, to zrób test na obecność **wirusa HIV i HCV (zapalenie wątroby typu C)**. Jeżeli wynik będzie pozytywny i okaże się, że jesteś nosicielką, to nie koniec świata i ciągle możesz mieć dziecko, ale lekarz musi to wiedzieć, aby odpowiednio poprowadzić ciążę i zapewnić Wam bezpieczeństwo.

Zrób **test WR**, który pozwala wykryć kiłę. Jest to bardzo niebezpieczna choroba weneryczna. Nieleczona może być przyczyną poronienia lub wad wrodzonych u dziecka.

Przeciwciała przeciwjądrowe – nie ma jednoznacznych dowodów na powiązanie obecności przeciwciał przeciwjądrowych z poronieniami, ale jeśli badanie wykaże ich obecność, to lekarz będzie wiedział, jak chronić Ciebie i dziecko.

Jeśli w przeszłości poroniłaś, przed kolejną próbą zajścia w ciążę sprawdź **stężenie przeciwciał antyfosfolipidowych** i zrób badanie na obecność struktur skierowanych przeciwko **antygenom łożyska**.

Podobnie jeśli w przeszłości miałaś problemy z donoszeniem ciąży, zalecane jest przeprowadzenie badania na ewentualną mutację genu **MTHFR**. Występuje ona u połowy kobiet i może być powodem takich komplikacji jak poronienia, a u dziecka zespół Downa lub wada cewy nerwowej.

Po 35. roku życia matki wzrasta ryzyko rozwoju chorób genetycznych u dziecka, takich jak zespół Downa. By znać stan zdrowia swojego dzidziusia i w przypadku komplikacji móc zareagować wcześniej, powinnaś przeprowadzać **badania prenatalne** w odpowiednich okresach ciąży. Z pewnością lekarz będzie wiedział, kiedy na jakie badanie powinien Cię skierować.

Zrób test na obecność **toksoplazmozy**, która jest groźna dla rozwoju płodu.

Sprawdź swoją nietolerancję pokarmową. Takie badanie pozwoli lekarzowi tak dopasować dietę, by ciąża przebiegała bez przeszkód, a Ty i maleństwo czuli się świetnie i rośli zdrowo. Zrób badanie na obecność **IgE, IgG lub test MTR (Mediator Release Test)**. To testy z krwi wykrywające alergie i nietolerancje pokarmowe. Należy je wykonać, aby wyeliminować alergeny u dziecka. Badanie IgG to test z krwi ujawniający nietolerancje pokarmowe, które mogą zostać przeniesione na dziecko. Produkty, na które masz nietolerancję, należy wyeliminować przed ciążą.

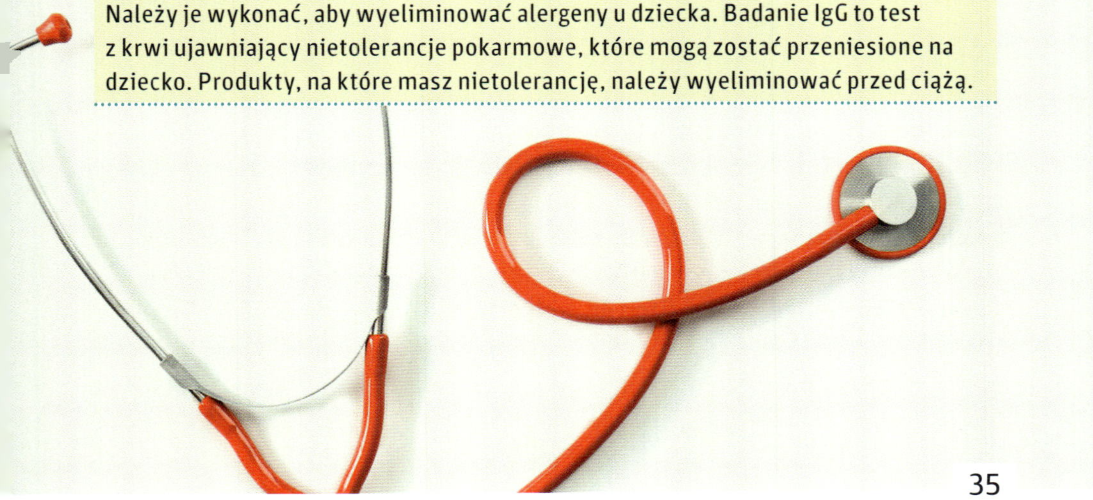

Zdrowie dziecka dla nas, przyszłych mam, jest niezwykle ważne, dlatego by potwierdzić wagę odpowiedniej diety i uwrażliwić kobiety w ciąży na nietolerancje pokarmowe, zasięgnęłam opinii lekarskiej ekspertów – doktor Patrycji Szachty oraz dietetyka Łukasza Sieńczewskiego, z którymi owocnie współpracuję od wielu lat. Temat ten bardzo często traktuje się po macoszemu, a przecież nieprawidłowe żywienie w ciąży jest powodem wielu chorób dziecka, które mogą mu towarzyszyć przez całe życie. Dlatego matka powinna mieć pewność, które produkty jej służą, a które mają negatywny wpływ na jej zdrowie. Niepożądane reakcje na pokarmy, czyli alergie i nietolerancje pokarmowe, stanowią coraz częstszy problem krajów uprzemysłowionych i wysokorozwiniętych. Alergie pokarmowe czy wziewne dotyczą olbrzymiej grupy dzieci i dorosłych. Nie są jedynie skutkiem zanieczyszczenia środowiska i nadmiaru spalin, ale także stresu i otyłości. Co więcej, obserwacje naukowców potwierdzają, że problem ten z każdym kolejnym rokiem będzie narastał. Reakcje alergiczne na pokarm mogą być różne pod względem objawów i czasu ich pojawienia się po zjedzeniu alergennego produktu. Alergie pokarmowe występują natychmiast po zjedzeniu takiego produktu i łatwo je rozpoznać, choć trudno wyleczyć. Dużo trudniejsza do określenia jest nietolerancja na dany pokarm, która pojawia się kilka godzin, a nawet dni po spożyciu alergizowanego (nietolerowanego przez organizm) posiłku. Mowa tu o utajonych alergiach na pokarmy, zwanych powszechnie nietolerancjami pokarmowymi. U osoby z utajonymi reakcjami na pokarmy spożycie konkretnych alergenów pokarmowych powoduje wytwarzanie swoistych przeciwciał typu IgA i IgG. Problemem w diagnostyce tego rodzaju reakcji jest nie tylko wspomniane wcześniej opóźnienie występowania objawów (na przykład alergizujący pokarm spożyty w poniedziałek może wywołać objawy dopiero w środę czy w czwartek). Znacznym utrudnieniem jest także fakt, że objawy nietolerancji pokarmowych nie są standardowo utożsamiane z alergią pokarmową. Wymienić tu należy chociażby dolegliwości przewodu pokarmowego (na przykład wzdęcia, biegunki, zaparcia, bóle brzucha, mdłości, dyskomfort trawienny), problemy skórne (nasilenie trądziku, atopowe zapalenie skóry, świąd), nadwagę, otyłość, nadciśnienie tętnicze, zespół chronicznego zmęczenia, zaburzenia psychiatryczne (depresja), pogorszenie kondycji psychicznej i fizycznej, migreny i wiele innych, pozornie niezwiązanych z przewodem pokarmowym. Z tego względu osoby, u których rozwinęły się utajone reakcje pokarmowe, bardzo często nie są świadome, że to spożywane co dzień pokarmy są rzeczywistą przyczyną odczuwanych dolegliwości, i leczą się jedynie objawowo. Tymczasem kluczem do trwałej poprawy zdrowia i samopoczucia jest usunięcie rzeczywistej przyczyny problemu, czyli zwiększonej przesiąkliwości bariery jelita cienkiego (tak zwanego jelita przesiąkliwego).

Wspomniana bariera jelitowa jest zbiorem elementów odpowiadających za to, aby do naszego układu krwionośnego przedostawały się tylko składniki niezbędne (odpowiednio rozłożone substancje odżywcze, elektrolity oraz składniki mineralne). Bariera jelitowa jest główną linią ochronną zabezpieczającą przed wnikaniem do krwi bakterii, toksyn i innych elementów szkodliwych. Niestety codzienny tryb życia sprzyja naruszaniu tej delikatnej bariery i filtra przewodu pokarmowego. Należy wspomnieć, że silnie uszkadzają ją między innymi: stosowane leki, zwłaszcza antybiotyki, niesteroidowe leki przeciwzapalne (popularne leki o działaniu przeciwbólowym) czy też leki zobojętniające (tak zwane IPP, czyli inhibitory pompy protonowej), używki (alkohol, nikotyna), dieta bogata w żywność wysoko przetworzoną, stres psychiczny i fizyczny (sport wyczynowy), przebyte choroby i wiele innych czynników. Takie elementy uszkadzają jelito przez wiele miesięcy, a nawet lat. W pewnym momencie bariera jelitowa jest do tego stopnia nieszczelna, że niewystarczająco strawione cząsteczki pokarmowe przenikają do krwi i aktywują układ odpornościowy, co objawia się wytwarzaniem przeciwciał

IgA i IgG przeciwko spożywanym pokarmom. W konsekwencji rozwija się stan zapalny, obejmujący kolejne tkanki i organy. Stan pacjenta stale się pogarsza, a przyczyną jest codzienna dieta. W tym miejscu należy podkreślić, że utajone reakcje na pokarmy mogą być wywoływane przez wszystkie pokarmy, nie tylko te powszechnie uważane za niezdrowe, takie jak gluten czy mleko.

By zapobiec takiemu rozwojowi wypadków, trzeba stwierdzić, które pokarmy nas uczulają. Służą do tego specjalistyczne testy z krwi, oceniające reakcje IgA i IgG zależne. Badanie to umożliwi wyeliminowanie z codziennej diety pokarmów, które nam szkodzą i nasilają stan zapalny w organizmie. Należy pamiętać, że integralnym elementem leczenia nietolerancji pokarmowych jest nie tylko dieta eliminacyjna, ale i odbudowa uszkodzonego jelita. Proces ten powinien obejmować zarówno stosowanie probiotyków i prebiotyków, jak i eliminację czynników uszkadzających jelito. Zaznaczmy, że rozwój utajonych reakcji na pokarmy jest zawsze wynikiem zwiększonej przesiąkliwości bariery jelitowej, nie ma więc charakteru dziedzicznego.

Mama, u której występują utajone reakcje na niektóre produkty, może je niestety przekazać dziecku w okresie życia płodowego. To dlatego, że opisywane nietolerancje pokarmowe związane są z wytwarzaniem swoistych przeciwciał IgA i IgG na pokarmy. Jednocześnie omawiane przeciwciała pełnią w naszym organizmie istotną funkcję odpornościową – biorą udział w walce z bakteriami, wirusami, pasożytami czy grzybami, które przedostają się do organizmu. Z tego względu w okresie ciąży następuje transfer przeciwciał – szczególnie IgG – z organizmu mamy do organizmu dziecka. Jest to swoisty „pakiet odporności", który stanowi główną linię obrony noworodka przed infekcjami (do momentu kiedy jego własny układ odpornościowy nie zostanie prawidłowo zaktywowany i ukierunkowany). Niestety w trakcie przekazywania dziecku przeciwciał IgG zapewniających mu odporność „na stracie" matka mająca utajone reakcje na pokarmy (o czym często sama nie wie, gdyż objawy są nieoczywiste) przekaże swoiste przeciwciała na pokarmy dziecku w trakcie transferu przeciwciał. Transfer przeciwciał odbywa się przez całą ciążę, ale z największą intensywnością w ostatnim trymestrze. W konsekwencji dziecko rodzi się z pulą swoistych przeciwciał skierowanych na pokarmy uczulające matkę. Często jesteśmy nieświadomi, że cierpimy na utajone reakcje pokarmowe, a mama po porodzie nie modyfikuje swojej diety i spożywa alergizujące produkty. Tymczasem antygeny pokarmowe przenikają do jej mleka – głównego pokarmu maluszka. W rezultacie u dziecka rozwijają się objawy niepożądanych reakcji na pokarmy. Najczęściej są to: bóle brzucha, kolki niemowlęce, wysypki skórne, wzdęcia, gazy, problemy z wypróżnieniem, zbyt wolne przybieranie na wadze czy nawracające infekcje.

Optymalną drogą postępowania jest wykonanie testu na ukryte reakcje pokarmowe już w okresie planowania ciąży, ewentualnie na wczesnych jej etapach. Dzięki wskazaniu produktów alergizujących przyszła mama może wycofać je ze swojej diety, co spowoduje spadek poziomu przeciwciał na pokarmy. Dzięki temu nie dojdzie do ich przekazania dziecku, a to pozwoli uniknąć wielu problemów zdrowotnych w wyniku alergizacji maluszka. Jednocześnie należy pamiętać, że dieta eliminacyjna w ciąży musi być prowadzona pod okiem wykwalifikowanego dietetyka, aby uniknąć jakichkolwiek niedoborów żywieniowych u ciężarnej.

Wysypki skórne, biegunki, bóle brzucha, ciągły katar „alergiczny", nawracające infekcje to tylko niektóre objawy alergii pokarmowej. Jeśli reakcje te pojawiają się bezpośrednio po spożytym posiłku, większość z nas odruchowo kojarzy je z alergią na pokarm. Gdy rodzic obserwuje tego typu objawy u dziecka, idzie najczęściej do lekarza alergologa, który przeprowadza dokładny wywiad i wykonuje testy skórne lub testy z krwi na obecność przeciwciał typu IgE na określone pokarmy. Wyniki testów z reguły potwierdzają jedynie obserwacje, który pokarm lub pokarmy alergizują. Alergia na pokarmy dająca natychmiastowe objawy nazywana jest alergią IgE zależną, gdyż jej mechanizm polega na wytwarzaniu swoistych przeciwciał IgE względem alergizujących pokarmów (typu I).

Badanie diagnostyczne eksperci zalecają przede wszystkim kobietom, które zmagają się z takimi dolegliwościami jak: zespół jelita drażliwego (manifestacja zaparciowa, biegunkowa, mieszana), zmiany skórne (AZS, łuszczyca, świąd), otyłość i cukrzyca II typu, nadciśnienie tętnicze, depresja, zespół chronicznego zmęczenia, zespół migrenowy oraz choroby mięśniowe i stawowe. Przyszła mama już od trzeciego miesiąca ciąży aż do jej końca przekazuje potomstwu przeciwciała wytworzone przez jej układ immunologiczny, a zatem dziecko zyskuje odporność bierną nabytą. Ilość przeciwciał zaczyna spadać od chwili porodu, ale w wieku dwóch–trzech miesięcy maluszek zaczyna produkować własne (tak zwany mechanizm skrzyżowania), a już w wieku dziewięciu miesięcy w jego krwi znajdują się co najwyżej śladowe ilości przeciwciał matki.

Głównym problemem związanym z opisywaną chorobą są trudności diagnostyczne oraz brak skutecznych metod jej wyleczenia, pojawia się ona jednak bardzo szybko. Nawet śladowe ilości alergenów spożytych przez matkę powodują natychmiastowe przedostanie się ich do łożyska i w konsekwencji tworzenie przeciwciał IgE przez organizm dziecka. W przypadku alergii pokarmowej zasadniczo jedyną opcją postępowania jest zastosowanie leczniczej diety, z której eliminujemy produkty nas alergizujące. Odpowiednio dobrane i zbilansowane jakościowo i ilościowo menu może łagodzić objawy i przebieg alergii pokarmowych. Kluczem do sukcesu jest rezygnacja na okres ciąży i laktacji z produktów, które powodują reakcje alergiczne. To spore wyzwanie zarówno dla rodzica, jak i dla dziecka. Konieczność usunięcia z jadłospisu określonych pokarmów (często będących wcześniej podstawą codziennej diety), poszukiwania zamienników i spożywania innych posiłków niż rówieśnicy z pewnością stanowi duży problem dla dziecka. Olbrzymim plusem leczenia żywieniowego jest jednak ustępowanie dolegliwości po wyeliminowaniu pokarmów uczulających, a co za tym idzie – stopniowa poprawa stanu zdrowia i ogólnego samopoczucia dziecka.

Sama wiele lat zmagałam się z alergią, a nawet z astmą. To sprawiło, że do ciąży przygotowałam się skrupulatnie, by uchronić moje dziecko przed tego rodzaju dolegliwościami. Wiem, ile ciężkiej pracy i wyrzeczeń kosztowało mnie leczenie. Przez półtora roku odstawiałam wszystkie produkty, które powodowały u mnie nietolerancję pokarmową. Obserwowałam i sama dla siebie byłam królikiem doświadczalnym. Badania powtarzałam co pół roku i rejestrowałam zmiany, postępy oraz lepsze samopoczucie po wykluczeniu szkodliwych dla mnie produktów. Pomagałam moim jelitom, zażywając dodatkowo probiotyki, jednak kluczem do sukcesu było zastosowanie diety eliminacyjno-rotacyjnej, która polega przede wszystkim na zdiagnozowaniu alergii IgE oraz IgG oraz na wykryciu produktów, które wywołują nietolerancje pokarmowe. Taka dieta, po pierwsze, zakłada wyeliminowanie szkodliwych produktów, a po drugie, rotację tych, które nam nie szkodzą. Ważne jest to, by „odpoczywać" od dozwolonych produktów, bo jeśli będziemy je spożywać każdego dnia, szybko doprowadzimy do alergizacji również na nie. Zaleca się naprzemienne spożywanie dozwolonych produktów w przerwach trwających trzy–cztery dni. To nie tylko uchroni nas przed nudą na talerzu, ale i alergizacją na kolejne produkty. To działa!

BADANIA W TRAKCIE CIĄŻY

Ciąża trwa 280 dni od pierwszego dnia ostatniej miesiączki lub 266 dni od owulacji. Nie zawsze jednak można precyzyjnie określić moment zapłodnienia. Dlatego przyjęto wyznaczać terminu porodu według tak zwanej reguły Naegelego (dla cyklu trwającego 28 dni). Do daty pierwszego dnia ostatniej miesiączki należy dodać 7 dni, odjąć 3 miesiące i dodać 1 rok. Jeśli więc ostatnia miesiączka rozpoczęła się 20 stycznia 2005 roku, dodaj do tej daty 7 dni – to 27 stycznia, odejmij 3 miesiące – 27 października 2004 i dodaj 1 rok – to 27 października 2005 roku. Ale to tylko prawdopodobny termin porodu, bo zaledwie 4 procent dzieci przychodzi na świat o czasie. Biologiczny czas trwania ciąży jest sprawą indywidualną i zależy od uzyskania przez płód takiego stopnia dojrzałości, który umożliwi mu życie poza organizmem matki. Kobiety, które mają cykle inne niż 28 dni, powinny weryfikować spodziewany termin porodu o różnicę pomiędzy ich indywidualnym cyklem a cyklem 28-dniowym.

JAK CZĘSTO SIĘ KONTROLOWAĆ?

Ciąża to okres wzmożonej troski o Was dwoje. Czeka Cię wiele badań i kontroli, które powinnaś przeprowadzać regularnie, by mieć pewność, że oboje jesteście bezpieczni. Pierwsza wizyta lekarska powinna się odbyć najpóźniej w 6. tygodniu ciąży. Od tego czasu rutynowe kontrole będą przeprowadzane raz w miesiącu. Może się okazać, że lekarz zauważy nieprawidłowości i będzie chciał sprawdzać stan zdrowia Twój i maluszka nieco częściej. Od 28. tygodnia ciąży wizyty będą nieco bardziej intensywne, bo powinny się odbywać dwa razy w miesiącu, a od 36. tygodnia lekarz będzie was badał co tydzień.

Pamiętaj, że jest to sprawa indywidualna Twoja i lekarza i może być uzależniona od bardzo wielu czynników. Pozostaw specjaliście decyzję, kiedy najlepiej sprawdzać kondycję Twoją i dziecka.

Podczas pierwszej wizyty (do 10. tygodnia) lekarz przeprowadzi lub zleci badania diagnostyczne:

- grupa krwi wraz z czynnikiem Rh
- morfologia krwi
- badanie ogólne moczu
- cytologia
- badanie czystości pochwy
- badanie stężenia glukozy we krwi na czczo
- VDRL
- badanie na obecność wirusów HIV i HCV
- badanie w kierunku toksoplazmozy IgG i IgM oraz różyczki
- TSH – hormon przysadki określający funkcję tarczycy
- badanie stomatologiczne, aby ocenić stan zdrowia jamy ustnej i zaplanować ewentualne leczenie

Ponadto podczas pierwszej wizyty lekarz lub położna przeprowadzą następujące badania:

- ogólne podmiotowe i przedmiotowe
- we wzierniku i zestawione
- pomiar ciśnienia tętniczego krwi
- ocena gruczołów sutkowych
- pomiar wzrostu i masy ciała
- ocena ryzyka ciążowego

Lekarz lub położna udzielą Ci konsultacji dotyczących zdrowego stylu życia z uwzględnieniem kontroli lekarskich, również jamy ustnej. Ponadto dowiesz się, jak przeprowadzić badania w kierunku wykrycia ewentualnych wad genetycznych płodu.

Podczas wizyty między 11. a 14. tygodniem lekarz przeprowadzi badania:

- ultrasonograficzne
- ogólne moczu
- cytologiczne (jeśli nie było robione wcześniej)

Ponownie lekarz lub położna przeprowadzą następujące badania:

- ogólne podmiotowe i przedmiotowe
- we wzierniku i zestawione
- pomiar ciśnienia tętniczego krwi
- pomiar masy ciała
- ocena ryzyka ciążowego
- konsultacje dotyczące kontroli stanu zdrowia jamy ustnej

Podczas wizyty między 15. a 20. tygodniem przeprowadzone będą następujące badania:

- morfologia krwi
- badanie ogólne moczu
- badanie czystości pochwy
- badanie cytologiczne (jeśli nie było go wcześniej)

Odbędą się także kontrola i konsultacje dotyczące Twojego ogólnego stanu zdrowia:

- ogólne podmiotowe i przedmiotowe
- we wzierniku i zestawione
- pomiar ciśnienia tętniczego krwi
- pomiar masy ciała
- ocena ryzyka ciążowego
- konsultacje dotyczące zdrowego stylu życia

Kolejna wizyta odbędzie się między 21. a 26. tygodniem i obejmie:

- badanie ogólne moczu
- badanie ultrasonograficzne
- badanie stężenia glukozy we krwi po doustnym podaniu 75 gramów glukozy (w 24.–28. tygodniu ciąży) – trzykrotne oznaczenie stężenia glukozy: przed podaniem glukozy (na czczo) oraz po jednej i po dwóch godzinach od jej podania
- przeciwciała odpornościowe do antygenów krwinek czerwonych (w przypadku grupy Rh minus)
- przeciwciała toksoplazmozy, jeśli wynik w I trymestrze był ujemny
- badanie cytologiczne (jeśli nie było go wcześniej)

Ponadto czekają Cię:

- badanie ogólne podmiotowe i przedmiotowe
- badanie we wzierniku i zestawione
- pomiar ciśnienia tętniczego krwi
- ocena czynności serca płodu
- pomiar masy ciała
- ocena ryzyka ciążowego
- konsultacje dotyczące zdrowego stylu życia
- kontrola stanu zdrowia jamy ustnej
- teoretyczne i praktyczne przygotowanie do porodu, połogu i karmienia piersią (konsultacje grupowe lub indywidualne)

Kolejna wizyta przypada na 27.–32. tydzień ciąży. Teraz lekarz będzie chciał przeprowadzić następujące badania:

- morfologia krwi
- badanie ogólne moczu
- badanie na przeciwciała odpornościowe
- badanie ultrasonograficzne
- jeśli nie było go wcześniej, to badanie cytologiczne
- jeśli są takie wskazania lekarskie, po 28. tygodnia, a przed 30. będziesz miała podaną globulinę anty-D

Ponadto jak podczas każdej wizyty będą przeprowadzone takie badania i konsultacje jak:

- ogólne podmiotowe i przedmiotowe
- we wzierniku i zestawione
- pomiar ciśnienia tętniczego krwi
- ocena czynności serca płodu
- pomiar masy ciała
- ocena ryzyka ciążowego
- konsultacje dotyczące zdrowego stylu życia
- teoretyczne i praktyczne przygotowanie do porodu, połogu i karmienia piersią (konsultacje grupowe lub indywidualne)

Na wizytę między 33. a 37. tygodniem ciąży zarezerwuj więcej czasu, bo lekarz będzie chciał przeprowadzić następujące badania:

- morfologia krwi
- badanie ogólne moczu
- badanie czystości pochwy
- antygen HBS
- badanie w kierunku HIV (jeśli wcześniej go nie było)
- posiew z przedsionka pochwy i okolic odbytu w kierunku paciorkowców B-hemolizujących
- w grupie kobiet ze zwiększonym ryzykiem populacyjnym lub z indywidualnym ryzykiem zakażenia badanie na obecność VDRL i HCV
- badanie cytologiczne (jeśli nie było przeprowadzone wcześniej)

Również konsultacje i pozostałe badania będą dłuższe niż zwykle:

- badanie ogólne podmiotowe i przedmiotowe
- badania położnicze
- ocena wymiarów miednicy
- badanie we wzierniku i zestawione
- pomiar ciśnienia tętniczego krwi
- ocena czynności serca płodu
- pomiar masy ciała
- ocena aktywności płodu
- badanie gruczołów sutkowych
- kontrola stanu zdrowia jamy ustnej
- ocena ryzyka ciążowego
- konsultacje dotyczące zdrowego stylu życia
- teoretyczne i praktyczne przygotowanie do porodu, połogu i karmienia piersią (konsultacje grupowe lub indywidualne)
- jeśli opiekę sprawuje położna, konieczna jest konsultacja i ocena stanu zdrowia przez lekarza ginekologa

Jedna z ostatnich wizyt lekarskich odbędzie się między 38. a 39. tygodniem ciąży:

- morfologia krwi
- badanie ogólne moczu

Konsultacje będą dotyczyć:

- badania ogólnego podmiotowego i przedmiotowego
- badania położniczego
- oceny czynności serca płodu
- oceny aktywności płodu
- pomiaru masy ciała
- pomiaru ciśnienia tętniczego krwi
- oceny ryzyka ciążowego
- zdrowego stylu życia
- teoretycznego i praktycznego przygotowania do porodu, połogu i karmienia piersią (konsultacje grupowe lub indywidualne)
- jeśli opiekę sprawuje położna, konieczna jest konsultacja i ocena stanu zdrowia przez lekarza ginekologa

Po 40. tygodniu wizyty lekarskie powinny się odbywać co dwa–trzy dni. Lekarz przeprowadzi:

- badanie KTG
- badanie ultrasonograficzne

Konsultacje obejmą:

- badanie ogólne podmiotowe i przedmiotowe
- badanie położnicze
- badanie we wzierniku i zestawione – według badań lekarskich
- ocenę ruchów płodu
- ocenę czynności serca płodu
- pomiar ciśnienia tętniczego krwi
- pomiar masy ciała
- ocenę ryzyka ciążowego
- zasady zdrowego stylu życia
- teoretyczne i praktyczne przygotowanie do porodu, połogu i karmienia piersią (konsultacje grupowe lub indywidualne)
- bezwzględne skierowanie na hospitalizację po 41. tygodniu ciąży

PRAWIDŁOWY PRZYROST MASY W CIĄŻY

Powinnaś, przyszła mamo, przygotować się do tego, że w czasie ciąży ciało bardzo się zmieni. Pisałam już o znaczeniu prawidłowej wagi matki dla rozwoju płodu przed poczęciem, teraz skupię się na odpowiednim przyroście masy ciała w ciąży.

W przypadku każdej nas zalecenia dotyczące wzrostu wagi są inne i ściśle związane z takimi warunkami jak wzrost, budowa ciała, przemiana materii i geny. Jesteśmy inne i dlatego najważniejszym wskaźnikiem przyrostu masy ciała w ciąży powinno być nasze samopoczucie, a przede wszystkim wskazania lekarskie. Jeśli przed zajściem w ciążę miałaś niski wskaźnik BMI, to często oznacza, że w ciąży możesz przytyć bardziej, by dostarczyć sobie więcej tkanki tłuszczowej. I odwrotnie – jeśli zmagałaś się z nadwagą, to teraz będzie bezpieczniej przytyć niewiele, by wykorzystać jak najwięcej zapasów tłuszczu.

Bardzo ważne jest to, aby przybierać na wadze stopniowo i równomiernie. Dzięki temu masz szansę uniknąć rozstępów i obwisłej skóry po porodzie. Twoja masa powinna rosnąć proporcjonalnie do wzrostu maluszka. Najlepszym wskaźnikiem oceny prawidłowego wzrostu wagi u ciężarnej jest wspomniany już współczynnik BMI:

- **BMI poniżej 18,5** – wzrost masy o 13–16 kilogramów
- **BMI 18,5–24,9** – wzrost masy o 11–13 kilogramów
- **BMI 25–29,9** – wzrost masy o 10–11 kilogramów
- **BMI powyżej 30** – wzrost masy do 10 kilogramów

Warto pamiętać o tym, że te wskazania będą wyższe w przypadku ciąży bliźniaczej, jednak jest to sprawa indywidualna i zależy od wielu czynników. To lekarz, który prowadzi ciążę, będzie wiedział najlepiej, co jest dla Ciebie najzdrowsze.

W I trymestrze ciąży zapotrzebowanie na spożycie kalorii nie zmienia się bardzo, ale wzrasta zapotrzebowanie na składniki pokarmowe. W tym czasie zalecany przyrost masy ciała wynosi od 0,5 do 2 kilogramów. W II trymestrze zapotrzebowanie kaloryczne wzrasta o 360 kalorii dziennie i przyszła mama powinna przybierać od 0,45 do 0,68 kilograma na tydzień, a zatem ogólna masa w czwartym, piątym i szóstym miesiącu ciąży powinna wzrosnąć od 5,4 do 6,3 kilograma. W tym czasie przede wszystkim rośnie łożysko, matczyna tkanka tłuszczowa, tkanka w piersiach i objętość krwi. Ostatni trymestr oznacza zapotrzebowanie na kalorie wyższe aż o 475 kilokalorii oraz przeciętny wzrost masy ciała od 3,6 do 4,5 kilograma, wynika to z rozwoju płodu i niemal dwukrotnego wzrostu masy dziecka. Tak wygląda idealny wzór, ale przecież każda z nas jest inna i wiele czynników może wpłynąć na zupełnie inny wzrost wagi w czasie ciąży. Wiele kobiet tyje niedużo, a nawet chudnie z powodu nudności. Bez wyjątku jednak żywienie kobiet w ciąży jest podstawowym czynnikiem rozwoju płodu. Wszystko w naszych rękach i... brzuchach!

ZBYT NISKI PRZYROST MASY W CIĄŻY

Dla zdrowego rozwoju płodu ważny jest prawidłowy przyrost masy ciała matki. Jeśli kobieta nie przytyje w czasie ciąży odpowiednio dużo, to i jej, i dziecku mogą grozić powikłania. Jednym z nich jest przedwczesny poród. Innym poważnym problemem może być powolny rozwój płodu i urodzenie dziecka o niskiej masie, co często wiąże się z chorobami i umieralnością okołoporodową. Zbyt niski wzrost masy ciała przyszłej mamy często prowadzi do problemów rozwojowych okresu dziecięcego, chorób układu krążenia, cukrzycy i nadciśnienia w późniejszym wieku. Niebezpieczne są też infekcja płynu owodniowego i przedwczesne oddzielenie łożyska czy też pęknięcie błon płodowych.

ZBYT WYSOKI PRZYROST MASY W CIĄŻY

W okresie ciąży przyrost masy ciała jest uzależniony od kilku czynników, takich jak wzrost objętości krwi, a wraz z rozwojem dziecka również macicy matki. Natura nam podpowiada, jak sprostać potrzebom maluszka, i przyjmujemy większą liczbę kalorii, by zapewnić dziecku prawidłowy rozwój. Często jednak okazuje się, że tracimy kontrolę nad swoimi kulinarnymi zachciankami, a zatem i nad tyciem. To bardzo niebezpieczne zarówno dla matki, jak i dziecka, gdyż zwiększa ryzyko długoterminowej otyłości u obojga, a w konsekwencji naraża na wszystkie choroby z nią związane. Prowadzi również do bólów kręgosłupa, obrzęków nóg, powstawania żylaków i hemoroidów u matki. Jeśli przyszła matka przed zapłodnieniem borykała się z nadwagą czy otyłością lub w ciąży przyrost masy był zbyt duży, rośnie zagrożenie cukrzycy ciężarnych, nadciśnienia, makrosomii noworodków, porodu przedwczesnego czy konieczności ukończenia ciąży cięciem cesarskim.

Przyszła mama potrzebuje składników odżywczych oraz następujących witamin: A, B1, B2, niacyny, choliny, kwasu pantotenowego, B6, B12, C, E, folianów, a także minerałów takich jak wapń, fosfor magnez, żelazo, cynk, miedź, jod, selen, ale o tym dokładniej w dalszych częściach książki. Pamiętaj przede wszystkim o odpowiedniej ilości spożywanego białka, owoców i warzyw i nie zastępuj posiłków słodyczami. Prawidłowe odżywianie w ciąży to również gromadzenie rezerw (białka, tłuszczu, witamin rozpuszczalnych w tłuszczach, niektórych substancji mineralnych) w organizmie na okres laktacji.

Jedzenie regularnie rozłożonych w ciągu dnia posiłków jest ważne, ponieważ:

- zapewnia odpowiednią ilość składników odżywczych
- sprzyja właściwemu wydzielaniu insuliny
- sprzyja prawidłowym przyrostom masy ciała w ciąży
- zapobiega odkładaniu nadmiaru tkanki tłuszczowej
- zapobiega rozwojowi nadwagi czy otyłości po ciąży

Organizm kobiety w ciąży gromadzi rezerwy, które będą wykorzystywane w czasie laktacji:

- z mięśni będzie pobierane białko
- z kośćca składniki mineralne
- z wątroby glikogen
- z tkanki podskórnej tłuszcz

Na Twoją wagę w ciąży składa się wiele elementów. Ich przybliżona masa to:

- 3,5 kilograma – masa dziecka
- 1–1,5 kilograma – macica
- 1–2 kilogramy – piersi
- 1–1,5 kilograma – płyn owodniowy
- 0,5–1 kilogram – łożysko
- 1,5–2 kilogramy – krew i dodatkowe płyny
- 2–4 kilogramy – dodatkowa tkanka tłuszczowa

Drogie mamy, w głównej mierze od nas zależy zdrowie i radość z życia oraz wspólnych chwil z dzieckiem, więc zadbajmy o nie jak najszybciej. Kontrolujmy naszą wagę i życzmy sobie **SMACZNEGO I ZDROWEGO!**

ZASADY ZDROWEGO ŻYWIENIA

Jesteśmy różnymi kobietami, prowadzimy odmienny tryb życia, mamy inne temperamenty, przyzwyczajenia i upodobania żywieniowe. Nie ma jednego wzoru, w który można wpisać każdą kobietę, by tak samo dobrze funkcjonowała. Nie wymyślono też wzoru, który będzie się dobrze sprawdzał w przypadku każdej z nas. Jesteśmy różne i potrzebujemy różnego traktowania, odmiennej diety i opieki. To, co świetnie działa na mnie i moje ciało, może przynieść odwrotne skutki w przypadku koleżanki, która z pozoru ma zbliżoną budowę. Niech nas nie zmylą zachęty innych. Komuś coś służy, ale Tobie może zaszkodzić. Chcę zaproponować kilka zasad, technik i trików, które posłużą Tobie i dziecku, ale pamiętaj, że Twoje ciało może protestować przeciwko wszystkim nowym pomysłom. Słuchaj siebie, obserwuj reakcje organizmu i wyciągaj wnioski. Jeśli po zastosowaniu proponowanej diety czujesz się lekka jak piórko, wstajesz z łóżka uśmiechnięta i pełna energii, to znak, że nowy jadłospis Ci służy! Jeśli zauważysz zmęczenie, brak motywacji do działania, pogorszenie trawienia, dyskomfort w układzie pokarmowym, szarą cerę bez blasku, to na pewno coś trzeba poprawić i lepiej dostosować do potrzeb organizmu!

Przede wszystkim bądź świadoma, że to Ty teraz decydujesz o zdrowiu swojego dziecka w przyszłości. **NAJLEPSZY PREZENT, JAKI MOŻESZ DAĆ DZIECKU PODCZAS CIĄŻY, TO WŁAŚNIE ZDROWA DIETA I SPOKÓJ**. Szanuj siebie, swoje ciało i maluszka, który w Tobie rośnie. To chyba najlepsza motywacja, aby zacząć o siebie dbać. Zmieniaj swoje nawyki już teraz i cierpliwie czekaj na pierwsze efekty. Wykluczenie rozmaitych przekąsek, które szkodzą Twojemu zdrowiu, jest trudne jedynie na początku. Zdrowa dieta stanie się nawykiem szybciej, niż się spodziewasz. Nawet jeśli nie będzie to diametralna zmiana sylwetki, gwarantuję, że znaczna poprawa samopoczucia jest najlepszą nagrodą, a kolejne efekty przyjdą same. Wprowadź zdrowe zasady żywienia i stań się wzorem dla swojego dziecka na całe życie. Pomóż mu zrozumieć, że posiłek ma być paliwem, które pozwala dobrze funkcjonować i doskonale się czuć. Pokaż, że jedzenie może być smaczne mimo braku cukru, przetworzonych produktów, kolorowych napojów i wielu kuszących łakoci. Nie częstuj dziecka słodyczami za samodzielnie odrobioną pracę domową czy dobrą ocenę. Znacznie lepszą nagrodą będzie zabranie go do kina, na spacer czy boisko, a zamiast cukru podarowanie mu swojego czasu.

Zdrowe odżywianie jest niezwykle ważne, ale nie koncentruj na nim całej energii. Niech stanie się częścią codzienności, normą, a nie najważniejszym celem życia.

Tak jak pisałam w mojej pierwszej książce *Żyj zdrowo i aktywnie z Anną Lewandowską*, moda to zjawisko, które przemija, a ja marzę, żeby ludzie żyjący zdrowo stali się większością w społeczeństwie. Postaraj się wprowadzić właściwe nawyki żywieniowe na stałe, ale nie popadaj w skrajność, bo to prosta droga do anoreksji lub innych zaburzeń żywienia. Jeśli chcesz wygrać ze zbędnym tłuszczykiem, pamiętaj, że waga nie jest jedynym wyznacznikiem utraty masy, tak jak kalorie w posiłku nie zawsze świadczą o wartości pożywienia.

Stosowanie podstawowych zasad żywienia, które dla Ciebie przygotowałam, wpłynie na zdrowie i dobre samopoczucie Twoje i dziecka. W tej części książki przedstawię kilka rozwiązań, jak zadbać o obecność wszystkich niezbędnych składników odżywczych w Twoim organizmie, aby dziecko rozwijało się prawidłowo i abyś Ty mogła się cieszyć każdym dniem przygody, jaką jest ciąża.

To, czym się odżywiasz, ma decydujący wpływ na zdrowie i rozwój dziecka, dlatego bardzo ważna jest świadomość korzyści wynikających ze zdrowej diety. W poprzedniej części pisałam o większym zapotrzebowaniu na kalorie oraz prawidłowym przyroście masy ciała w ciąży. Przypominam, że starając się znaleźć usprawiedliwienie dla swoich zachcianek i tłumacząc, że musisz zadbać o dziecko i „jeść za dwoje", wyrządzasz krzywdę nie tylko sobie, ale i maluszkowi. Kaloryczność posiłków powinna być dostosowana do masy ciała, wzrostu, wieku, trymestru ciąży oraz do aktywności fizycznej. Nie chcesz przytyć więcej, niż to konieczne, ale też nie możesz zagłodzić siebie i dziecka. Uważnie komponuj posiłki i zwracaj uwagę na ich kaloryczność, pamiętając o tym, że równie niebezpieczna jest zawyżona podaż kaloryczna, jak zbyt mało kalorii w diecie.

PRAWIDŁOWY PRZYROST MASY W CIĄŻY

WAGA WYJŚCIOWA	TRYMESTR I	TRYMESTR II	TRYMESTR III	ŁĄCZNIE	WAGA MAKSYMALNA
40–50 kg	4	6	4	14	18
50–60 kg	3	6	4	13	15
60–80 kg	2	5	4	11	12
Powyżej 80 kg	2	4	3	9	11

Zapewne zdajesz sobie sprawę z tego, że nie tylko o kalorie w tym wszystkim chodzi. Twoje pożywienie musi być najlepszej jakości paliwem dla Was obojga. Potrzebujesz zbilansowanej diety zawierającej wszystkie składniki odżywcze.

PLANUJĄC CIĄŻĘ ORAZ W JEJ TRAKCIE, NALEŻY STOSOWAĆ PRAWIDŁOWE ZASADY ŻYWIENIA

→ Staraj się spożywać więcej mniejszych posiłków, najlepiej pięć razy dziennie – trzy główne i dwa uzupełniające. Jeśli jednak potrzebujesz jeść częściej – śmiało! Ale jedz małe porcje i nie podjadaj!

→ Pamiętaj o ustalonych porach jedzenia. Jeśli uregulujesz metabolizm, organizm nie będzie odkładał zbędnego tłuszczu, zbyt długo czekając na następny posiłek. Stałe przerwy między posiłkami w ciągu dnia nie będą programowały organizmu w ten sposób, zbyt długie – owszem.

→ Pij rano (na czczo) szklankę przegotowanej ciepłej wody z odrobiną cytryny, to pobudzi wątrobę, pracę jelit, poprawi metabolizm, zapobiegnie zaparciom i usunie toksyny.

→ Jedz śniadania – powinny być urozmaicone i zawsze ciepłe.

→ Zachęcam, by śniadanie było jak najczęściej białkowo-tłuszczowe, zawierało dobrej jakości tłuszcz, wartościowe białko, witaminy i składniki mineralne. Taki posiłek zapewnia uczucie sytości na dłużej niż śniadanie węglowodanowe, sprzyja redukcji tkanki tłuszczowej i nie powoduje skoków poziomu cukru we krwi. Dodatkową zaletą jedzenia pierwszego posiłku białkowo-tłuszczowego jest fakt, że stężenie kortyzolu jest najwyższe pół godziny od momentu przebudzenia, a zatem śniadanie węglowodanowe spowodowałoby dodatkowy wzrost glikemii i wyrzut insuliny. Taka reakcja organizmu prowadzi do spadku cukru i pojawienia się uczucia głodu, czasami nawet do osłabienia i senności. Śniadanie białkowo-tłuszczowe jest szczególnie wskazane dla osób żyjących w ciągłym stresie i cierpiących na bezsenność. Na początku możesz przez kilka dni zaczynać tak dzień i dla porównania od czasu do czasu zjeść śniadanie węglowodanowe. Gwarantuję, że zauważysz dużą różnicę. Jeśli jednak nie jest to dla Ciebie odpowiedni posiłek i nie czujesz się dobrze po śniadaniach białkowo-tłuszczowych, zacznij wprowadzać małe ilości węglowodanów, na przykład zupy typu krupnik z kaszą jaglaną **(przepis na s. 129)**, posiłek zakończ białkiem i tłuszczem. Obserwuj swój organizm i dostosuj posiłek do swoich smaków i upodobań.

→ Posiłki węglowodanowe jedz najlepiej na drugie śniadanie, aby dodać sobie energii na cały dzień.

→ Na śniadanie (na pusty żołądek) staraj się nie jeść surowych owoców, soków, jogurtów i surówek.

→ Nie popijaj w trakcie posiłków – wszystkie produkty wymagają różnego czasu trawienia. Podczas popijania sok żołądkowy zawierający między innymi kwas solny i enzymy trawienne ulega rozrzedzeniu, przez co wydłuża się proces trawienia i pojawia uczucie wypełnienia, które może być przyczyną wzdęć. Najlepiej pić płyny 30 minut przed posiłkiem oraz od 30 minut do godziny po posiłku. Co więcej... każde popijanie jest tak naprawdę szkodliwe. Napoje zimne i gorące, takie jak kawa i herbata, powodują obkurczanie ścian przewodu pokarmowego, a to hamuje wydzielanie enzymów trawiennych. Popijanie naprzemienne z jedzeniem powoduje zbyt szybkie przejście treści pokarmowych z ust do żołądka. Soki owocowe i kolorowe napoje dodatkowo zaburzają trawienie białek w żołądku, a konsekwencją tego jest fermentacja w jelitach (wzdęcia, gazy).

→ Ogranicz nabiał, a wyjątek zrób dla jaj.

→ Obiad powinien zawierać pełnowartościowe białko, węglowodany złożone i dużo warzyw.

→ Jeśli lubisz jeść pieczywo, wybieraj pełnoziarniste produkty zbożowe, najlepiej pieczywo żytnie na żytnim zakwasie.

→ Owoce jedz w pierwszej połowie dnia i nie łącz ich z innymi posiłkami. Owoców nie łącz także z nabiałem – białka wymagają środowisk kwasowych do strawienia, a owoce zasadowych. Różne produkty będą powodować trudności w strawieniu siebie nawzajem, co spowoduje zaleganie resztek.

- → Nie łącz białka z węglowodanami. Między jedzeniem tych produktów zachowaj przynajmniej kilkunastominutowy odstęp. Jeśli nie możesz tego zrobić, bardzo powoli żuj pokarm. Pamiętaj, że nasiona i orzechy to też źródło białka.
- → Łącz produkty następująco: węglowodany/tłuszcz + warzywa/tłuszcz, warzywa/tłuszcz + białko. Metabolizm ciężarnej jest nieco zmieniony i może nie działać na najwyższych obrotach. Te problemy wynikają także ze zmian typowo fizycznych. To sprawia, że niektóre kobiety w ciąży często zmagają się z wieloma dolegliwościami przewodu pokarmowego. Prawidłowe łączenie produktów może zmniejszyć ryzyko pojawienia się tego typu uciążliwości i znacznie ułatwi procesy trawienne. Układ pokarmowy, począwszy od jamy ustnej aż do... samego końca, to bardzo zróżnicowane środowisko, produkty, które do niego trafiają, są trawione w różnych warunkach. I tak węglowodany są trawione w środowisku zasadowym, a białka w kwaśnym. Łącząc produkty z obu grup, sprawiasz, że niektóre składniki nie zostają poprawnie strawione, a w jelitach zalegają ich resztki. Popularny i smaczny obiad na polskich stołach, czyli schabowy z ziemniakami, to nie lada wyzwanie dla układu trawiennego. Białka potrzebują dużej ilości kwasu solnego, skrobia bardzo niewiele. Łącząc węglowodany wysokoskrobiowe z białkiem lub jedząc je naprzemiennie, powodujemy niepełne strawienie białek w żołądku. Późniejsze trawienie białek w dwunastnicy i jelicie cienkim zachodzi w środowisku zasadowym, działają wtedy już inne enzymy, które nie są w stanie zastąpić pracy kwasu solnego. Te niedotrawione białka powodują procesy fermentacyjne i gnilne w jelitach. Poza gorszym samopoczuciem może to doprowadzić do groźnych chorób.
- → Nie łącz produktów tłustych i kwaśnych – nadmiar kwaśnego zamyka ujście pęcherzyka żółciowego, a tłuszcze są trawione przez żółć, więc obciążasz wątrobę.
- → Po ciepłym posiłku, zwłaszcza po tłuszczach, staraj się nie pić zimnych napojów.
- → Jedz powoli, gryź i żuj bardzo dokładnie – to ważne!

- Jedz warzywa gotowane lub blanszowane i staraj się, by surowe stanowiły maksymalnie jedną czwartą spożywanych warzyw. Zawsze jedz je z tłuszczem. Gotowanie i blanszowanie powoduje, że błonnik oddziela się od minerałów i witamin, na przykład od karotenoidów. Dzięki temu są lepiej przyswajalne. Dokładnie to samo robi ślina, pod warunkiem że pokarm jest dobrze rozdrobniony. Do surowych warzyw potrzebny jest tłuszcz, aby wydzieliła się żółć, która wspomaga ich trawienie w dwunastnicy. Dodatkową rolą tłuszczu jest pomoc we wchłanianiu karotenoidów. Surowe warzywa są trudne do strawienia i stanowią pożywkę dla złej flory bakteryjnej, co powoduje wzdęcia. Gotowane warzywa są pożywką dla dobrej flory bakteryjnej (na przykład inuliny).
- Nie jedz fast foodów!
- Jeżeli nie masz zaleceń lekarskich do zmniejszenia spożywanego tłuszczu, to nie rezygnuj z niego, bo dostarczy Ci energii i pomoże odbudować niektóre tkanki. Powinnaś spożywać wszystkie dobre tłuszcze!
- Jedz lekkie kolacje do dwóch godzin przed snem. Mogą to być jajka, chude mięso i ryby, duszone, pieczone czy gotowane warzywa, sałatki jarzynowe, wędliny na ciepło, pasty rybne.
- Przed snem nie pij zimnych napojów!
- Nie przejadaj się, staraj się kończyć posiłek, zanim pojawi się uczucie sytości.
- Nie podjadaj między posiłkami.
- Jedz tylko te produkty, które Ci służą, a odmawiaj tych, które Ci szkodzą.
- Pamiętaj, aby spożywać różnorodne produkty sezonowe. To cenna wskazówka do układania zdrowej diety.
- Silną wolę miej już w sklepie, nie będziesz ze sobą walczyć po otwarciu szafki lub lodówki. Czytaj dokładnie etykiety. Widzisz na nich konserwanty i cukier – odstaw z powrotem na półkę sklepową!
- Produkty spożywcze kupuj planowo i najlepiej wtedy, kiedy nie odczuwasz głodu.

Oprócz wymienionych podstaw zdrowego żywienia powinnaś pamiętać o kilku innych zasadach. Dbaj o urozmaicone menu, niech zawiera ono jak najwięcej zdrowych, ale różnych produktów. Będziesz mieć wtedy pewność, że dostarczysz organizmowi wszystkich składników potrzebnych do prawidłowego funkcjonowania. Stosuj zbilansowaną dietę i codziennie zapewniaj organizmowi białko, węglowodany złożone, zdrowe tłuszcze oraz jak najwięcej warzyw. Dbaj o jakość produktów, a szczególnie mięsa. Najlepsze będzie mięso pochodzące z hodowli ekologicznych. Z własnego doświadczenia polecam perliczki i króliki, które zawierają dużo witamin, składników mineralnych i mają niewiele kalorii.

Często słyszy się o jedzeniu ryb dwa razy w tygodniu ze względu na ich wartości odżywcze, jednak nie jest to takie oczywiste. Jeśli wybierasz dobre gatunki, jedz ryby niemal w nieograniczonych ilościach. Ryby zawierają kwasy omega-3, za które kiedyś na pewno podziękuje Ci inteligentne i wolne od alergii dziecko. Z drugiej strony ze względu na zanieczyszczenie środowiska do mięsa ryb przedostają się antybiotyki, pasożyty, pestycydy oraz metale ciężkie, takie jak ołów, miedź i rtęć. Szczególnie ta ostatnia jest bardzo niebezpieczna dla płodu, gdyż z łatwością przedostaje się do łożyska i może uszkodzić mózg oraz układ nerwowy. To sprawia, że z pozoru zdrowe i polecane ryby mogą zaszkodzić i Tobie, i dziecku. Aby uniknąć zagrożenia zatruciem w czasie ciąży, nie jedz łososia hodowlanego, tuńczyka, makreli królewskiej, węgorza, tilapii, pangi, rekina, miecznika ani owoców morza dostępnych w sieciowych marketach. Śmiało sięgaj za to po halibuta, turbota, dorsza, marlina, sardynki, suma, dzikiego łososia, pstrąga, flądrę, śledzie (poza tymi z Bałtyku) i owoce morza z dobrego źródła.

W III trymestrze spożywałam więcej ryb, nawet cztery–pięć razy w tygodniu, bo wiedziałam, że mój organizm potrzebuje zwiększonej ilości niezbędnych kwasów tłuszczowych omega-3, które są niezwykle ważne dla rozwoju mózgu dziecka w tym okresie. Jednak wybierałam tylko ryby ze sprawdzonego źródła! Świadomy wybór produktów był dla mnie najważniejszy. Najczęściej przygotowywałam ryby na parze z warzywami, bo to lekkostrawny posiłek, a niestety pod koniec ciąży w żołądku jest już coraz mniej miejsca.

Uzupełniaj dietę świeżymi lub przygotowanymi na ciepło warzywami i owocami. Spożywaj około 500 gramów warzyw i 300 gramów owoców dziennie. Pamiętaj o ich dokładnym umyciu, gdyż w skórce oprócz wartości odżywczych są szkodliwe substancje, które mogą wywołać poważne choroby. Nie przekraczaj zalecanej ilości owoców, gdyż zawarte w nich cukry proste powodują skoki insuliny.

Warzywa traktowałam jako zdrową przekąskę między posiłkami. Kiedy zbliżałam się do szafki męża ze zdrowymi przekąskami, robiłam dwa kroki w tył i wybierałam jednak marchew czy paprykę. Czasami sięgałam również po owoce, ale w znacznie mniejszej ilości – pamiętaj, że zawierają dużo fruktozy. To nie tylko „miska winogron", jak często uważamy. Wybierałam kwaśne owoce bądź jabłka. Oj tak, na jabłka miałam szczególną ochotę, najbardziej przez pierwsze cztery miesiące. Są one cennym źródłem pektyn, które regulują perystaltykę jelit i działają przeciw zaparciom (to na szczęście ominęło mnie w czasie ciąży). Pamiętaj jednak, aby owoce nie stanowiły jedynej przekąski. Staraj się je spożywać w ciągu pierwszej połowy dnia.

Pij około 2–2,5 litra płynów dziennie, przede wszystkim wodę (przynajmniej 1–1,5 litra dziennie). Pozostałymi płynami mogą być zalecane w ciąży herbaty, na przykład czerwona (rooibos), naturalne owocowe lub ziołowe dozwolone dla ciężarnych, jak pokrzywa, rumianek, koper włoski czy melisa. Pij również soki, szczególnie warzywne bez dodatku cukru, wyciskane ze świeżych produktów.

Mimo że bardzo lubię wodę kokosową, pragnę przestrzec przyszłe mamy przed piciem jej w nadmiernej ilości. Ostrożność w spożywaniu wody kokosowej zaleca się ze względu na dużą ilość witaminy C, potasu i magnezu, które mogą doprowadzić do biegunki i odwodnienia. Woda kokosowa może powodować problemy żołądkowe i skurcze macicy, a to w ciąży jest bardzo groźne.

Gdy byłam na urlopie w szóstym miesiącu ciąży, sama doświadczyłam zwiększonej liczby skurczów macicy, zwanych skurczami Braxtona-Hicksa. Te fizjologiczne bezbolesne skurcze przepowiadające trenują macicę przed porodem już od 20. tygodnia ciąży. Jest to objaw naturalny, jednak należy uważać, aby nie prowokować ich zbyt często (mogą się pojawić choćby po aktywności fizycznej, odwodnieniu, zmęczeniu, wstrzymywaniu moczu, dotykaniu i masowaniu brzucha, jak i po spożywaniu danych produktów, które nie są wskazane podczas ciąży).

Nie trafiłam na żadne badania w tym kierunku, więc na moje wątpliwości odpowiedziała tajlandzka lekarka:

- w **I trymestrze** – picie wody kokosowej nie jest zalecane
- w **II trymestrze** – można pić około 100 mililitrów dziennie (pół szklanki)
- w **III trymestrze** – od 36. tygodnia ciąży – pijmy do woli dla piękna dziecka

Jako aktywny sportowiec od zawsze starałam się pić dużo wody i nawadniać organizm po każdym treningu. W przypadku ciąży organizm domagał się jej sam, a ja pilnowałam ilości, co przynosiło bardzo dobre efekty. Dzięki temu miałam nawodnioną skórę, moja twarz wyglądała na bardziej wypoczętą, obrzęki zaś nie dokuczały mi prawie do końca ciąży. Czasami potrafiłam wypić nawet cztery butelki wody dziennie. Kiedy tylko zmniejszyłam ilość wypitej wody w ciągu dnia, czułam większe zmęczenie, obserwowałam zmiany na skórze, pojawiały się obrzęki i puchła mi twarz. Dlatego, drogie mamy, dbajcie o odpowiednie nawodnienie.

Pamiętajcie jednak, aby nie pić wody z plastikowych butelek – BPA blokuje syntezę progesteronu, a to on utrzymuje ciążę. Nawet jeśli producent umieszcza informację, że jego produkt jest wolny od BPA, to pamiętajmy, że najprawdopodobniej butelka zawiera inne spośród 24 tysięcy szkodliwych substancji chemicznych, które powodują zaburzenia hormonalne. Pewne z nich mają właściwości antyestrogenowe (DEHF, czyli fumaran di-2-etyloheksylu). Wiele butelek popularnych marek wody mineralnej wykazuje aktywność antyestrogenową i hamuje receptory androgenów w organizmie (substancja EDC).

Jak pewnie wiecie i zdążyłyście mnie już trochę poznać, od wielu lat odżywiam się zdrowo. Na podstawie zdobytej wiedzy planuję moje posiłki także podczas ciąży, aby były zbilansowane i zawierały odpowiednią ilość makroskładników oraz minerałów i witamin. Dzięki takiemu planowi te kilka miesięcy było jedną z najpiękniejszych przygód mojego życia. Nie miałam problemów, o których często mówią inne kobiety. „Atrakcje" takie jak mdłości, zachcianki, rzucanie się na lodówkę czy permanentne zmęczenie nie zepsuły mi oczekiwania na dziecko. Jestem przekonana, że zawdzięczam to przede wszystkim zdrowej diecie, o którą dbam od wielu lat.

ZASTOSUJ KILKA MOICH WSKAZÓWEK, PRZYGOTOWUJĄC SIĘ DO MACIERZYŃSTWA, A I TOBIE BYĆ MOŻE UDA SIĘ UNIKNĄĆ CIĄŻOWYCH DOLEGLIWOŚCI.

→ Dbaj o dietę bogatą w minerały, aminokwasy i kolagen, które znajdziesz w wywarach z kości wołowych i drobiowych.

Pod koniec ciąży w żołądku jest coraz mniej miejsca i apetyt może się zmniejszyć, a w tym okresie przyda się dużo energii. W moim przypadku z pomocą przychodził rosół. Piłam go niczym herbatę, pamiętając o jego dobroczynnych właściwościach. Niejedna z nas zna to błogie i kojące uczucie po wypiciu ciepłego rosołku.

Zdrowy rosół, na który przepis przedstawiam na s. 132, dodaje energii, wzmacnia odporność, a dzięki zawartości wapnia, fosforu, potasu i magnezu pobudza system trawienny. Dodatkowo zawarty w nim kolagen polepsza wygląd skóry, włosów, paznokci i przyspiesza ich wzrost.

→ Jeśli nie masz alergii czy nietolerancji pokarmowej na orzechy, to jedz orzechy włoskie, laskowe i migdały bez skórki, ale nie więcej niż kilka w ciągu dnia, bo są ciężkostrawne.

→ Polecane tłuszcze to olej kokosowy, lniany, oliwa z oliwek oraz tłuszcze zwierzęce, takie jak masło klarowane czy smalec z gęsi.

→ Spożywaj tran, ponieważ zawiera witaminę D3, która wspiera rozwój kośćca u dziecka. Jednocześnie wybierz taki produkt, który dostarczy Ci maksymalnie 500 IU witaminy A, 200 miligramów kwasu DHA i 50 miligramów kwasu EPA w dziennej dawce.

- Warto też urozmaicić tradycyjne obiady i czasami zamiast zwykłych ziemniaków włączyć do diety kaszę gryczaną, jaglaną, amarantus, młody jęczmień, brązowy ryż, komosę ryżową czy słodkie ziemniaki.
- Spożywaj glony wakame, ponieważ są bogate w jod.
- Pamiętaj o spożywaniu takich ziół jak koper włoski, pokrzywa, melisa i rumianek.
- Pij wywar z pokrzywy, która usuwa wodę z organizmu i jest źródłem żelaza.
- Jedz jajka, bo to bogactwo cennego białka, lecytyny i kwasów omega-3.
- Piecz chleb na zakwasie żytnim, ponieważ zawiera kwas foliowy oraz krzem i stymuluje rozwój bakterii probiotycznych.
- Piecz wędliny samodzielnie, a zamiast soli kuchennej używaj ziół.
- Jeżeli często nachodzi Cię ochota na małe co nieco, zawsze miej pod ręką zdrową przekąskę, na przykład śliwki, figi, daktyle, morele, żurawinę, orzechy włoskie, banany lub kiszone warzywa. Pamiętaj o parzeniu suszonych owoców. Dzięki temu pozbędziesz się siarki i innych szkodliwych substancji wykorzystywanych w procesie suszenia.
- Wykorzystuj różne źródła białka (ryby, mięso, jaja, nasiona roślin strączkowych – pamiętaj jednak, że te ostatnie dla wielu z nas są zbyt ciężkostrawne, obserwuj więc swój organizm).
- Jedz węglowodany złożone, przede wszystkim kasze.
- Jedz tylko zdrowe, domowe słodycze.
- W ciąży musisz dbać o zdrowie swoje i dziecka. Często okazuje się, że produkty dotychczas uważane za zdrowe i świetnie wpływające na Twoje samopoczucie mogą szkodzić Wam obojgu. Powinnaś być szczególnie ostrożna nawet podczas spożywania witamin. Więcej nie znaczy lepiej!
- Bardzo ważne jest to, by nie przekraczać zalecanej dawki witaminy A (powyżej 500 IU pochodnych retinoidów). Zbyt duża dawka tej witaminy w postaci retinolu jest teratogenna, czyli zwiększa ryzyko wystąpienia wad rozwojowych płodu. Unikaj zatem jedzenia wątroby i wszystkich suplementów, które zawierają dużą ilość witaminy A. Jeśli spożywasz tran, wybierz taki, który nie pozwoli przekroczyć dziennej dawki tej witaminy.

- Pamiętaj, że w ciąży absolutnie zakazane są używki, takie jak alkohol, papierosy i narkotyki, gdyż grożą one wadami rozwojowymi płodu. Ogranicz, a wręcz wyeliminuj napoje takie jak cola, napoje z kofeiną czy czarna herbata.
- Ostrożnie z kawą! Jeśli nie wyobrażasz sobie dnia bez małej czarnej, pij maksymalnie jedną filiżankę dobrej jakości parzonej kawy. Najlepiej, żeby była uzyskana metodą filtracyjną, ponadto przefiltrowana i bez substancji kardiotoksycznych. Jeśli jednak poczujesz kołatanie serca, niepokój, nadmierne pocenie się i drżenie rąk, a ciśnienie tętnicze wzrośnie, wyeliminuj kawę z diety na czas ciąży. Według niektórych badań zbyt duża ilość kofeiny może powodować zaburzenia rytmu serca dziecka i nadmierne pobudzenie organizmu jego i matki, a w skrajnych przypadkach poronienie. Inne badania zaprzeczają temu twierdzeniu, ale nie mając pewności, nie warto ryzykować i lepiej się ograniczyć do 200 miligramów kofeiny dziennie. Jeśli karmisz piersią, nie pij więcej niż dwie kawy dziennie.
- Wyklucz z diety surowe, niedogotowane mięso i ryby oraz skorupiaki i mięczaki, gdyż mogą zawierać bakterię *Campylobacter jejuni* niszczoną dopiero w temperaturze 40 stopni Celsjusza. Jest ona niebezpieczna, bo może spowodować zapalenie żołądka i jelit, a u dzieci ostre zapalenie wyrostka robaczkowego. Należy unikać spożywania tych produktów również z powodu znacznego ryzyka wystąpienia toksoplazmozy. Jeśli kobieta zarazi się tą chorobą dwa–trzy miesiące przed poczęciem lub w I trymestrze ciąży, może dojść do poronienia, obumarcia płodu lub wystąpienia jego wad, na przykład wodogłowia.
- Groźna jest także salmonella, którą możesz się zarazić, jedząc surowe bądź niedogotowane jaja, a nawet ich skorupki. Dlatego jajka muszą być dokładnie umyte przed ugotowaniem. Przyszła mama powinna zatem zrezygnować z produktów przygotowywanych z surowych jaj, takich jak majonez domowej roboty, piana z białek, tiramisu i oczywiście likier jajeczny.
- Ponadto unikaj produktów wędzonych ze względu na obecność rakotwórczej nitrozaminy oraz ogranicz spożywanie produktów smażonych. Unikaj również suszonego mięsa, ponieważ nie jest poddane obróbce chemicznej, a zatem może zawierać wiele szkodliwych bakterii.

- Wyklucz niektóre przyprawy, takie jak: tymianek, rozmaryn, arnika, szałwia, szafran, piołun, kolendra, aminka większa, czarnuszka siewna, niepokalanka pieprzowa, drapacz pospolity, jałowiec pospolity, estragon i piwonia, gdyż mogą spowodować przedwczesne skurcze.
- Nie zaleca się jedzenia jagód goji, ponieważ zawierają niewielkie ilości trującego alkaloidu – atropiny, która ma właściwości rozkurczowe oraz wstrzymuje mocz.
- Postaraj się wykluczyć pszenicę, bo to Twój wróg i jeden z najbardziej zmodyfikowanych genetycznie produktów!
- W ciąży powinnaś też ograniczyć produkty bogate w tyraminę (sery pleśniowe, feta, czerwone wino, wątróbka, pasztety), która podnosi ciśnienie tętnicze i zwiększa częstotliwość rytmu serca.
- Unikaj produktów takich jak: pakowana sałata, produkty niepasteryzowane i sery z niebieską pleśnią oraz sery dojrzewające z miękką pleśnią, a także pasztet z wątroby. Mogą one zawierać listerie, bakterie wywołujące listeriozę – chorobę, która w ciąży może spowodować poronienie, obumarcie płodu, przedwczesny poród lub ciężką chorobę u noworodka.
- Wyklucz aspartam, gdyż w dużych ilościach może wywołać skurcze macicy (znajduje się w słodyczach i gumie do żucia).
- Do grupy ryzyka zaliczam również orzeszki ziemne, których spożywanie może wywołać alergię u dziecka. Naukowcy stale badają, czy nie czynią one więcej szkód, niż przynoszą korzyści. Zdania są podzielone, więc zalecam ostrożność. W orzechach tych może znajdować się pleśń, która produkuje mikotoksyny. Jeśli w bliskiej rodzinie występowały choroby takie jak alergia, egzema, atopia, astma lub katar sienny, to zdecydowanie powinnaś unikać orzeszków ziemnych podczas ciąży i karmienia.
- Uważaj na konserwy, gdyż zawierają benzoesan sodu, który może wywołać alergię.
- Ogranicz proszek do pieczenia, bo zawiera fosforan sodu, który utrudnia wchłanianie żelaza.

- Cytrusy należą do grupy produktów silnie alergizujących i często zaleca się ich eliminację z diety. Każdy przypadek jest inny, więc skonsultuj eliminację z dietetykiem lub lekarzem.
- Ogranicz produkty przetworzone, nawet takie jak płatki śniadaniowe kukurydziane czy czekoladowe, ponieważ powodują duże skoki cukru we krwi i wzrost masy ciała również u dziecka.
- Wyklucz kupne słodycze, które ze względu na obecność tłuszczów trans powodują nadwagę, cukrzycę, nowotwory i choroby układu sercowo-naczyniowego.
- Zrezygnuj z sosów w puszkach i torebkach, gdyż zawierają bardzo dużo soli, cukru, szkodliwych tłuszczów i konserwantów.
- Ogranicz spożycie soli kuchennej, a zamiast niej wybierz na przykład morską lub inną niskosodową czy jodowaną. Ale nawet stosując zdrowsze zamienniki, używaj soli w niewielkich ilościach.
- Nigdy nie zamrażaj raz rozmrożonych produktów – grozi to salmonellą.
- Przechowuj żywność zgodnie z instrukcją na opakowaniu.
- Pod żadnym pozorem nie jedz produktów przeterminowanych.
- Bardzo dokładnie myj warzywa i owoce, szczególnie cytrusy, mimo że będziesz je obierać.
- Dbaj o higienę w kuchni na każdym kroku i dokładnie myj naczynia. Bardzo dokładnie myj ręce odpowiednim płynem i ciepłą wodą. Nie zapominaj o kciukach, przestrzeni między palcami i nadgarstkach. Dbaj o właściwe przechowywanie produktów i przygotowywanie posiłków.
- Codziennie myj blaty i powierzchnie kuchenne środkami antybakteryjnymi. Do mięsa stosuj osobną deskę do krojenia, najlepiej szklaną, i pilnuj, aby surowe mięso nie miało kontaktu z inną żywnością.

Domyślam się, że lista zakazów i nakazów jest długa i już zaczęłaś myśleć, że na kilka miesięcy możesz się pożegnać z przyjemnościami podniebienia. Zapewniam, że nie! Trzymaj się ze mną, a udowodnię Ci, że **JEDZENIE** przede wszystkim **MA BYĆ SMACZNE**. Oczywiście można dać sobie trochę luzu i ustąpić swojemu kaprysowi, ale pamiętaj, aby te zachcianki nie były codziennością, abyś jadła dla dwojga, a nie za dwoje!

JEŚLI TWOJA DIETA BĘDZIE ZDROWA I DOSTARCZYSZ SOBIE WSZYSTKICH WITAMIN ORAZ MINERAŁÓW, A TAKŻE OMINIESZ SZKODLIWE PRODUKTY, MASZ DUŻĄ SZANSĘ, ŻE CIĄŻA PRZEBIEGNIE BEZ WIĘKSZYCH TRUDNOŚCI.

Na szczęście na swoim przykładzie mogę potwierdzić, że odpowiednie przygotowanie do ciąży to z pewnością w jakimś stopniu klucz do sukcesu, który pomoże uniknąć ciążowych dolegliwości. Nie miałam żadnych symptomów w postaci mdłości, zmęczenia, bólu głowy, hemoroidów, zgagi czy zaparć. Jedyną oznaką ciąży był ból w więzadłach macicy w czwartym miesiącu ciąży, trwający przez około dwa tygodnie, ale jak to powiedział mój lekarz prowadzący – u sportsmenek taki ból może być mocniejszy. No i oczy – szkliste od samego początku do piątego miesiąca. Dlatego niektórzy mnie „rozgryźli".

Może się jednak zdarzyć, że dopadną Cię pewne ciążowe dolegliwości. Jeżeli przytrafią się niektóre z wymienionych, zastosuj te porady, a na pewno poczujesz ulgę.

→ **Zawroty głowy podczas ciąży** – nie doprowadzaj organizmu do uczucia głodu. Regularnie spożywaj posiłki i przekąski. Uzupełniaj w ciągu dnia płyny – około 2–3 litrów dziennie.

→ **Problemy z bólem zębów i dziąseł** – przyjmuj dozwoloną w ciąży dawkę witaminy C i wapnia. Szczotkuj zęby przynajmniej dwa razy dziennie, używając pasty bez fluoru. Płucz jamę ustną olejem kokosowym (ma działanie bakteriobójcze) i używaj nitki dentystycznej.

→ **Problemy ze zgagą** – to dotkliwa przypadłość wielu ciężarnych, gdyż relaksyna, hormon odpowiedzialny za dostosowanie stawów do łatwiejszego porodu, spowalnia trawienie, a zatem pokarm dłużej przebywa w żołądku, który w odpowiedzi wytwarza więcej kwasów. Zgaga jest spowodowana przez anatomiczne rozluźnienie przewodu pokarmowego, któremu sprzyja stres. Drugi powód to ucisk na brzuch i zwieracz przełyku (LES – ang. *lower esophageal sphincter*), powodowany przez rosnące dziecko. To sprawia, że zwieracz staje się nieszczelny i kwasy żołądkowe przedostają się do góry. Możesz temu zaradzić.

Jedz mniej, ale częściej – żołądek ciężarnej nie ma dużo przestrzeni, by się powiększać po posiłku. Zdaniem Rachel Brandeis, specjalistki w zakresie żywienia kobiet w ciąży, wskazane jest pięć–sześć posiłków dziennie, a żaden z nich nie powinien przekraczać objętością 1,5 filiżanki. Małe porcje będą łatwiejsze do strawienia.

Wyklucz produkty, które nasilają zgagę – obserwuj uważnie reakcje organizmu, ale najpewniej będą to kwaśne pokarmy, takie jak owoce cytrusowe i pomidory, tłuste, smażone, pikantne potrawy, czekolada, alkohol, kawa i napoje gazowane.

Przyjmuj płynne pokarmy – zupy, koktajle i lekkie desery będą znacznie krócej przebywać w żołądku. Wybieraj produkty zawierające białka i tłuszcze oraz pamiętaj o dokładnym przeżuwaniu pokarmu.

Pamiętaj o dobrym śnie – aby go sobie zapewnić, nie powinnaś jeść później niż dwie godziny przed zaśnięciem. Staraj się spać na lewym boku.

Tylko spokój może Cię uratować. Jedzenie w nerwowej atmosferze i w stresie również może prowadzić do zgagi.

Pamiętaj, aby w trakcie jedzenia siedzieć wygodnie i mieć uniesioną głowę. Niewskazane jest jedzenie w pozycji leżącej lub kładzenie się do łóżka tuż po posiłku.

Stosuj wapń, który przyniesie Ci ulgę, ale nie przesadzaj z ilością, aby nie blokować wchłaniania żelaza. Unikaj środków zobojętniających, zawierających pochodne glinu (takie jak wodorotlenek glinu lub węglan glinu), gdyż jako składnik może powodować zaparcia, a w dużych dawkach jest toksyczny. Nie zażywaj leków zawierających kwas acetylosalicylowy (takich jak Alka-Seltzer), salicylany, wodorowęglan sodu (soda oczyszczona) lub cytrynian sodu. Niekiedy lekarze zalecają niskie dawki aspiryny, ale nigdy nie sięgaj po nią na własną rękę.

Jedz powoli i starannie żuj pokarm. Ułatwisz dalszym odcinkom przewodu pokarmowego przetrawienie posiłku.

Nasze babcie zgagę zwalczały domowymi metodami, czyli jadły migdały, szczególnie blanszowane. Takim sposobem nie tylko załagodzisz pieczenie w żołądku, ale i dostarczysz sobie i dziecku białka, wapnia, kwasów tłuszczowych i ważnych minerałów, na przykład manganu.

→ **Zaparcia** – mogą być wynikiem między innymi zwiększonej obecności progesteronu, który odpowiada za odpowiedni przebieg ciąży, ale też rozluźnia mięśnie ściany jelit, a to powoduje ich wolniejszą pracę. Dzięki rozluźnieniu jelit płód może przyswoić więcej składników niezbędnych do rozwoju.

Spożywaj błonnik, który wchłania wodę i zmiękcza stolec. Błonnik znajdziesz w krakersach (najlepiej bez pszenicy), świeżych i suszonych owocach oraz warzywach, a także w płatkach owsianych (polecam bezglutenowe), które możesz dodawać do koktajli. Polecam też błonnik witalny, który jest naturalnym suplementem. Znajdziesz go w aptekach, sklepach zielarskich i ze zdrową żywnością.

Pij dużo wody, napar z kopru włoskiego i soków warzywnych, najlepiej świeżo wyciskanych. Spowodują one szybsze przemieszczanie się niestrawionych resztek przez przewód pokarmowy.

Powodem zaparć może być nadmierna ilość żelaza w organizmie, warto zatem też skonsultować się z lekarzem.

Unikaj produktów, które powodują zaparcia (białe pieczywo, biały ryż, płatki kukurydziane, banany).

Nie stosuj żadnych środków przeczyszczających bez konsultacji z lekarzem!

→ **Gazy i wzdęcia** – są wynikiem wolniejszej pracy układu pokarmowego i konsekwencją zaparć, a zatem uwięzienia stolca w przewodzie pokarmowym. Może to być niebezpieczne dla dziecka, więc warto wiedzieć, jak sobie radzić z tą przypadłością.

Spożywaj posiłki spokojnie, wolno i na siedząco.
Żuj pokarm bardzo dokładnie.

Jedz mniejsze porcje i częściej.

Przechodząc ciążę aktywnie, na pewno poprawisz perystaltykę jelit, która niweluje gazy.

Stopniowo przyzwyczajaj przewód pokarmowy do produktów bogatych w błonnik.

Zrezygnuj z produktów, które powodują wzdęcia (fasola, cebula, brokuły, brukselka, kapusta, zielona papryka, smażone i tłuste dania).

Nie stresuj się! Ciąża to nie czas na stres!!!

PODJADANIE

– TO KŁOPOT WIELU KOBIET W CIĄŻY, CHOĆ NIE ZAWSZE ZDAJEMY SOBIE Z TEGO SPRAWĘ.

Odpowiesz, że nie, ale często, gdy zastanowimy się, co jemy w ciągu dnia, i zapiszemy to, okazuje się, że naszymi dużymi posiłkami są... właśnie przekąski. Nieraz słyszę: „przecież ja przez cały dzień nic nie jadłam, a tyję". Nawet niewinne przekąski są zgubne. Tutaj orzeszek, tu cukierek, ciasteczko, babeczka do herbaty, kawa z mlekiem. I tym sposobem nasz mózg dostaje cały czas sygnał, że musi wydatkować energię na trawienie, a układ pokarmowy jeszcze pamięta śniadanie. Ile z nas po jajecznicy już w drodze do pracy je jabłko lub, co gorsza, niezdrowego batona... Znasz to? Oczywiście, nie popadajmy ze skrajności w skrajność, czasem można się skusić na przekąskę. Warto jednak pilnować, aby niezdrowe zachcianki i podjadanie nie stały się codziennością.

Pewnie wiele z Was wie, że główną przyczyną podjadania są w większości niedobory mineralne i kaloryczne.

Stosuj poniższe rady nie tylko w ciąży.

- Trzymaj się zasad, o których pisałam w tym rozdziale, i jedz posiłki w regularnych odstępach czasu – pozwoli to utrzymać odpowiednią ilość cukru we krwi, co zapobiegnie atakom głodu.
- Jedz tłuszcze i białka, które powodują uczucie sytości.
- Uzupełniaj braki magnezu i cynku, które poza właściwościami opisanymi wcześniej dodatkowo zapobiegają apetytowi na słodycze.
- Najadaj się, ale nie przejadaj, i delektuj się jedzeniem.
- Jedz wolno i przeżuwaj dokładnie, a sygnał do mózgu trafi po 20 minutach, będziesz wtedy wiedziała, że jesteś najedzona i teraz czas na trawienie.
- Między posiłkami wypijaj wodę niegazowaną (co godzina przynajmniej 1–2 szklanki, niech to będzie nawyk).
- Jeśli poczujesz napady głodu, nie daj się im, postanów sobie, że Twoimi przegryzkami będą tylko zdrowe produkty, na przykład marchew,

jabłko, garstka orzeszków, papryka czy łyżka pasty sezamowej (bogatej w wapń), szklanka soku ze świeżych warzyw i tym podobne.

→ Nie rób zakupów z pustym żołądkiem.

→ Poproś partnera, aby wspierał Cię podczas ciąży, ustalając wspólne zasady, na przykład brak niezdrowych słodyczy w szafce. Jeśli będziesz miała chwilę słabości, niech ukochany przypomni, co sobie postanowiłaś – dobro dziecka najważniejsze.

→ Jedz produkty sezonowe i dobieraj posiłki do pory roku. Zimą jedz ciepłe produkty, które rozgrzeją organizm, na przykład ciepłe zupy. Latem dozwolone są produkty na zimno, jak sałatki, warzywa surowe czy owoce.

→ Planuj posiłki, to nauczy Cię systematyczności. Kiedy pojawi się dziecko, zrozumiesz, jak ważna dla organizmu jest zdrowa, zbilansowana dieta, z której będziesz czerpać energię w chwili zmęczenia. Wtedy z pewnością przydadzą Ci się wyrobione nawyki zdrowego żywienia, bo możesz nie mieć czasu ani siły na planowanie.

→ Jedz, kiedy poczujesz głód. Nie jedz posiłków „na wszelki wypadek".

Zdaję sobie sprawę, że nie każdy może i chce planować czy opracować swój plan żywienia na podstawie moich wskazówek. Rozumiem to – jasna sprawa! Jednak kiedy zrozumiesz, że twoje podjadanie trwa 12 godzin i cały czas krążysz wokół lodówki, może tych kilka wskazówek będzie przydatnych! Propozycje zdrowych przekąsek i domowych słodyczy znajdziesz w rozdziale z przepisami. Smacznego i miłego gotowania!

NA WESOŁY KONIEC OPOWIEM O ZDROWEJ PRZEKĄSCE. PRZECZYTAŁAM JEDNO Z BADAŃ NA TEMAT GORZKIEJ CZEKOLADY.

Według naukowców z Finlandii dzieci kobiet, które w ciąży spożywały kawałek gorzkiej czekolady dziennie, były aktywniejsze, szybciej nawiązywały kontakt z otoczeniem i były bardziej uśmiechnięte od rówieśników. A to ze względu na podwyższony poziom wydzielanych hormonów szczęścia, szczególnie serotoniny, która przenika przez łożysko. Hormon ten polepsza nastrój i zmniejsza poziom stresu.

Przeczytałam to mojemu mężowi i... przysmakiem, który najczęściej od niego dostawałam, była tabliczka gorzkiej czekolady, a ja z wielką ochotą jadłam około 30 gramów (od zawsze ją uwielbiam).

Pamiętaj jednak, że gorzka czekolada zawiera kofeinę, więc nie można przesadzić z ilością.

DOMOWA CZEKOLADA

SKŁADNIKI

- 100 ml oleju kokosowego (ok. 5 dużych łyżek)
- 60 g kakao 80% (ok. 4 łyżek)
- 1 łyżeczka ekstraktu z wanilii
- 1–2 łyżki syropu klonowego lub miodu (według uznania, ja dodałam 1 łyżkę)
- 1 granat
- kilka kropel soku, np. z pomarańczy (opcjonalnie)
- garść chipsów kokosowych (duże płatki – nadadzą chrupkości)

SPOSÓB PRZYGOTOWANIA

Rozpuściłam w garnuszku olej kokosowy i kakao, dodałam syrop klonowy oraz wanilię i mieszałam na średnim ogniu ok. 4 minuty. Przygotowałam foremkę (najlepsza będzie płaska i szeroka), rozłożyłam w niej papier do pieczenia i rozlałam płynną masę czekoladową.

Obrałam granat (postukaj go wcześniej metalową łyżką, dzięki temu łatwiej wydostaniesz pestki), dodałam ziarenka do mieszanki, skropiłam sokiem z pomarańczy i posypałam chipsami kokosowymi (dobre będą też wiórki). Wstawiłam do lodówki na ok. 2 godziny.

NO I NAJWAŻNIEJSZE!

WYŚPIJ SIĘ!

Sen zmniejsza poziom insuliny w ciągu dnia. Kiedy zaburzamy rytm dobowy, hormony anaboliczne w ciągu dnia są na wysokim poziomie. Poziom hormonu stresu jest często bardzo wysoki, co nie sprzyja zdrowiu, na przykład powoduje odkładanie się tkanki tłuszczowej tam, gdzie tego nie chcemy. Według badań koncentracja i praca naszego umysłu spadają do 33 procent. Brak snu oraz stres wywołują zmęczenie, a co za tym idzie – zwiększony apetyt! Organizm potrzebuje więcej energii, dlatego sięgasz po węglowodany proste w postaci słodyczy, czekolad i tym podobnych. W ciąży sen jest bardzo potrzebny, ale często przyszłe mamy miewają z nim trudności. Po pierwsze, duży brzuch i bóle kręgosłupa utrudniają znalezienie odpowiedniej pozycji, a po drugie, nocne spacery do toalety przerywają spokojny odpoczynek.

Sen jest także bardzo ważny, gdyż pozwala na odzyskanie straconej w ciągu dnia energii oraz regenerację komórek. W nocy dodatkowo redukuje się hormon stresu.

ABY ZADBAĆ O SWÓJ SPOKOJNY SEN, ZASTOSUJ KILKA SZTUCZEK.

- Zadbaj, aby sypialnia była ciemna (rolety, zasłony) i chłodna – nie przegrzewaj pomieszczenia.
- Pamiętaj o zaciemnianiu pomieszczeń, poranki natomiast spędzaj przy jak najlepszym świetle. Jeśli jest to możliwe, zjedz śniadanie na świeżym powietrzu.
- Staraj się kłaść do snu i wstawać o stałych porach. Organizm najlepiej regeneruje się fizycznie od godziny 20 do 2 w nocy, a mentalnie między 2 a 6 rano – dlatego najlepiej kłaść się spać około godziny 22. Według licznych badań już od godziny 18–19 powinno się zmniejszyć aktywność. U kobiet w ciąży jest to zdecydowanie konieczne i uzasadnione. To czas przygotowania do snu.
- Przed snem poczytaj książkę i napij się melisy.
- Sypialnia powinna być przeznaczona tylko do snu (i seksu).
- Pościel powinna być bawełniana, świeża – wymieniaj ją raz w tygodniu.
- Pozbądź się z sypialni telewizora i komputera.
- Zaklej lub zasłoń wszystkie diody (na przykład przy włączniku światła).
- Wyłącz na noc telefon (włącz tryb offline).
- Na pół godziny przed porą snu nic nie rób, nie korzystaj z telefonu, komputera, wyłącz telewizor.
- Unikaj podjadania na noc i nie pij za dużo płynów przed zaśnięciem, gdyż z pewnością i tak często chodzisz do toalety w nocy, bo maluszek uciska na pęcherz. Jedz lekkie kolacje, na przykład białko w postaci ryby bądź drób z warzywami.

Szanuj zdrowie swoje oraz maluszka i zadbaj o prawidłowe żywienie w ciąży. Niedożywienie i brak odpowiednich składników powodują poważne problemy zdrowotne u dziecka i matki. Jeśli przez łożysko nie przenikają wskazane ilości witamin i minerałów, dziecko może się nieprawidłowo rozwijać i mieć poważne wady narządów wewnętrznych. Organizm kobiety w ciąży najpierw zaspokaja jej potrzeby i tylko to, co zostanie, trafia do dziecka. W czasie laktacji natomiast to dla dziecka są przechowywane najlepsze składniki odżywcze. Zbilansowana dieta podczas karmienia piersią służy nie tylko maluszkowi. Odpowiednio odżywiona kobieta jest w stanie uniknąć problemów z wypadającymi włosami, rozdwajającymi się paznokciami i ubytkami w zębach.

Ann

MASZ JUŻ TERAZ POGLĄD, JAK WAŻNE JEST TO,
CO ZNAJDUJE SIĘ NA TWOIM STOLE
W CZASIE CIĄŻY I PO PORODZIE.

Pokrótce omówię, jaką rolę odgrywają
niezbędne składniki menu kobiety w ciąży.

WĘGLOWODANY – dają energię niezbędną do utrzymywania potrzebnych funkcji życiowych i reakcji biochemicznych w organizmie. Najczęściej spożywamy cukry złożone, które następnie rozkładane są na cukry proste dzięki enzymom zawartym w ślinie, sokach trzustkowych i jelitowych, witaminie B oraz minerałom. Większość produktów zbożowych zawiera wszystkie składniki potrzebne do trawienia, ale traci je w procesie rafinowania, oczyszczania czy wybielania i organizm musi sięgać do własnych zasobów, by takie produkty strawić. Węglowodany należy jeść mądrze i nie dostarczać pożywki dla grzybów, bakterii i pasożytów w jelicie grubym. Staraj się nie łączyć węglowodanów z białkami, a bezpośrednio po posiłku nie popijać, tylko odczekać przynajmniej 30 minut.

BIAŁKO – jest jednym z najważniejszych budulców tkanek Twoich i dziecka. W ciąży będziesz go potrzebować 1,2 grama na kilogram masy ciała. Jeśli karmisz piersią, zapotrzebowanie na białko wzrasta do 1,6 grama. Jest to bardzo ważny składnik, który chroni płód. Nieprawidłowości prowadzą do tak poważnych konsekwencji, jak śmierć niemowlęcia, niedorozwój umysłowy lub infekcje. Białko odgrywa ważną rolę przez całą ciążę, a szczególnie w III trymestrze. Ma także decydujący wpływ na masę urodzeniową dziecka. Ciężarne powinny spożywać przede wszystkim białko pochodzenia zwierzęcego (drób, cielęcina, jaja, ryby). Unikaj łączenia białek z produktami węglowodanowymi i ziemniakami, ale śmiało komponuj je z pozostałymi warzywami i tłuszczem roślinnym lub zwierzęcym. Białka jedz na noc, by wspomóc regenerację organizmu. Zawierają **AMINOKWASY EGZOGENNE**, które są niezbędne, aby ich synteza przebiegła bez zakłóceń, i to one decydują o wartości odżywczej białka.

Źródła aminokwasów egzogennych:

- **fenyloalanina** – amarantus
- **tryptofan** – kasza gryczana, ryż brązowy, soja, pestki dyni, siemię lniane, ryż czarny i czerwony
- **walina** – ryż brązowy, ryby, płatki owsiane, chude ryby, pstrąg
- **izoleucyna** – mięso, jaja, drób, chude ryby, kiełki
- **leucyna** – amarantus, zarodki pszenne, orzechy włoskie

BŁONNIK – doskonale reguluje pracę układu pokarmowego, a niemal każda przyszła mama zmaga się z dolegliwościami wynikającymi z gorszej perystaltyki jelit. Błonnik pęcznieje w żołądku i daje uczucie sytości, a zatem zmniejsza apetyt. W jelitach pozwala na wchłanianie wartości odżywczych. W jelicie cienkim wiąże tłuszcze, cholesterol, substancje rakotwórcze oraz metale ciężkie i umożliwia ich wydalenie z kałem. Ponadto stabilizuje poziom cukru we krwi, obniża poziom cholesterolu, trójglicerydów i indeks glikemiczny.

TŁUSZCZE – pełnią wiele bardzo ważnych funkcji w naszym organizmie:

- są źródłem energii dla tkanek i narządów
- magazynują energię
- stabilizują położenie narządów
- są budulcem błon komórkowych i substancji białej mózgu
- hamują wydzielanie kwaśnego soku żołądkowego
- wspomagają trawienie węglowodanów
- chronią przed utratą ciepła
- dostarczają witamin S, D, E i K oraz ułatwiają ich przyswajanie z innych produktów
- poprawiają stan skóry i włosów
- mają wpływ na stan układu nerwowego i krążenia

Ze względu na ogromną rolę w kształtowaniu się mózgowia i siatkówki oka płodu w ciąży wzrasta również zapotrzebowanie na kwasy tłuszczowe (EPA, DHA, olej rybi). Pomagają one także wykluczyć powikłania okołoporodowe. Pamiętaj, że nasycone tłuszcze zwierzęce między innymi budują układ nerwowy, wchodzą w skład hormonów i błony komórkowej.

Dbaj o obecność tłuszczów w diecie, ponieważ kwasy tłuszczowe spełniają wiele pozytywnych funkcji w organizmie:

- regulują transport cholesterolu
- wzmacniają naczynia włosowate
- regulują masę ciała i prawidłowy wzrost
- dbają o zdrowie skóry
- zwiększają odporność na infekcje
- regulują pracę nerek
- mają wpływ na prawidłową pracę serca
- ułatwiają gojenie się ran
- mają pozytywny wpływ na układ nerwowy

W osoczu lub surowicy znajduje się cholesterol niezbędny do produkcji hormonów, kwasów żółciowych oraz lipoprotein (LDL zwany dobrym cholesterolem i HDL zwany złym cholesterolem). Pomaga także kontrolować funkcjonowanie metabolizmu dziecka. Znajdziesz go w takich produktach, jak nabiał, mięso i żółtka kurzych jaj. W posiłkach dobrze łączyć tłuszcze z węglowodanami i warzywami.

WITAMINY I SKŁADNIKI MINERALNE – to zagadnienie wymaga osobnego omówienia, bo suplementacja w ciąży jest niezwykle ważna dla Ciebie i dziecka.

Składniki pokarmowe, takie jak witaminy i minerały, są budulcem nowego życia! Kobieta w ciąży to niezwykle skomplikowany i jednocześnie bardzo sprytny mechanizm. Przyszła mama nastawia się na lepsze wchłanianie wartości odżywczych, a płód zabezpiecza się w potrzebne witaminy i minerały. To oznacza, że jeżeli dbasz o prawidłową dietę, ani Tobie, ani maleństwu nie grożą niedobory. Niestety w praktyce może być bardzo różnie. Jeśli jesteś osłabiona lub masz zawroty głowy i podejrzewasz, że są wynikiem jakichś braków, to zanim podejmiesz decyzję o suplementacji, poinformuj o tym lekarza. Po przeprowadzeniu szczegółowych badań specjalista będzie wiedział, jaka jest przyczyna gorszego samopoczucia, a także znajdzie rozwiązanie problemu. Nigdy nie podejmuj decyzji o suplementacji na własną rękę! Możesz nie uwzględnić ilości składników mineralnych i witamin w diecie, a w konsekwencji przyjąć ich znacznie więcej, niż się zaleca. Pamiętaj, że nadmiar jest co najmniej tak samo groźny jak niedobór!

Na rynku farmaceutycznym jest wiele preparatów polecanych kobietom w ciąży. Zawierają one odpowiednie ilości potrzebnych składników mineralnych oraz witamin i są dopasowane do zwiększonych potrzeb żywieniowych mamy oraz metabolicznych wymagań płodu. Odpowiednie uzupełnianie potrzeb organizmu ciężarnej ma pomóc przejść ciążę w doskonałym zdrowiu i samopoczuciu, a przede wszystkim zapewnić dziecku zdrowy rozwój. Niedobory mogą prowadzić do wad wrodzonych i chronicznych chorób, takich jak cukrzyca, nadciśnienie, choroba niedokrwienna serca, a nawet udar w dorosłym wieku. Jeśli kobieta się głodzi, jest niedożywiona, to dziecko może mieć niską wagę urodzeniową, a w skrajnych przypadkach może to spowodować poronienie. Jak widzisz, suplementacja prenatalna jest bardzo ważna i pomaga zapobiegać licznym chorobom.

Bardzo trudno uzupełnić zapotrzebowanie na wszystkie składniki, nawet jeśli nasze odżywianie jest bez zarzutu. Kobieta w ciąży i dziecko potrzebują wielu z nich w ilościach, jakich może nie dostarczyć nawet najlepsza dieta.

ŻELAZO – zapotrzebowanie na nie według norm zalecanych przez środowiska lekarskie dla kobiet ciężarnych wynosi 27 miligramów na dobę. Jego braki mogą spowodować niedokrwistość i anemię, które są bardzo powszechne wśród kobiet w ciąży. Wynika to z dwukrotnego wzrostu ilości krwi w organizmie, a zatem podwojonego zapotrzebowania na żelazo potrzebne do wytworzenia hemoglobiny. Braki żelaza skutkują przedwczesnym porodem lub niską masą urodzeniową. Żelazo odpowiada za transport tlenu i dwutlenku węgla, a jego niedobór może prowadzić do niedotlenienia i w konsekwencji do gorszego psychomotorycznego rozwoju dziecka. W produktach spożywczych występują dwa rodzaje żelaza: hemowe, obecne w mięsie i produktach pochodzenia zwierzęcego, oraz niehemowe, pochodzenia roślinnego. Pierwsze z nich charakteryzuje się większą przyswajalnością w porównaniu z niehemowym, które wchłania się w układzie pokarmowym tylko w 5 procentach. W celu zwiększenia ilości wchłanianego żelaza należy spożywać je razem z produktami bogatymi w witaminę C.

Źródła żelaza:

- wołowina
- warzywa strączkowe
- żółtka jaj
- ryby (sardynki)
- kakao
- pestki dyni
- otręby pszenne
- suszone owoce
- kasza jaglana
- szpinak
- orzechy i migdały
- drób
- wodorosty (glony morskie)
- ciemne zielone warzywa
- karczochy
- śliwki
- pokrzywa

Pamiętaj, że w ciąży należy regularnie wykonywać morfologię krwi, aby zaobserwować ewentualne niedobory żelaza (spadek żelaza i hemoglobiny to zdecydowanie fizjologiczna przypadłość), o które łatwo w tym stanie, szczególnie w II i III trymestrze. W tym ostatnim okresie ciąży zaobserwowałam u siebie lekkie zmęczenie, bezsenność, szybsze bicie serca, męczenie się oraz uczucie zimna (to jedne ze skutków niedoboru żelaza). W III trymestrze ciąży faktycznie odnotowałam w wynikach badań krwi spadek wskaźników żelaza i hemoglobiny. Na szczęście udało mi się uniknąć suplementacji żelazem, które przy dłuższym stosowaniu może powodować bóle brzucha i zaparcia. Zmodyfikowałam jednak menu, dodając do niego odpowiednie produkty. Zwiększyłam ilość witaminy C, jajek do trzech razy w tygodniu, dodałam więcej zielonych warzyw, piłam regularnie pokrzywę oraz wprowadziłam wołowinę. Zaledwie po tygodniu wyniki badań krwi były wzorowe.

Twój organizm w ciąży jest naprawdę dobrym doradcą. W pierwszych dwóch trymestrach nie miałam ochoty na mięso i w związku z tym gościło na moim talerzu znacznie rzadziej niż na przykład ryby. Kiedy odebrałam wspomniane wyniki krwi, które sugerowały obniżenie wartości żelaza, wprowadziłam do menu trzy razy w tygodniu czerwone mięso. O dziwo, mój organizm sam zaczął regularnie się o nie upominać i zajadałam się nim z dużą przyjemnością do końca ciąży. Słuchajcie swojego organizmu, kiedy upomina się o bogato odżywcze produkty!

KWASY TŁUSZCZOWE OMEGA-3 – jeśli nie dostarczasz ich w diecie regularnie, prawdopodobnie możesz mieć niedobory. Najczęściej zaleca się przyjmowanie od 200 do 300 miligramów kwasów tłuszczowych omega-3 dziennie. Jedząc tłuste ryby co najmniej dwa razy w tygodniu, masz szansę zaspokoić zapotrzebowanie organizmu na kwasy omega-3. Jeśli jednak nie jesz ryb lub innych produktów bogatych w kwasy omega-3, powinnaś dodatkowo (prócz witamin prenatalnych) uzupełnić braki odpowiednią suplementacją. Są one bardzo ważne dla rozwoju płodu i dla Twojej kondycji.

Kwasy omega-3:

- uczestniczą w budowie mózgu
- kształtują siatkówkę oka
- uczestniczą w kształtowaniu systemu nerwowego
- chronią przed alergią i astmą
- pomagają donosić ciążę
- zmniejszają ryzyko depresji poporodowej
- korzystnie wpływają na układ krążenia
- zmniejszają ryzyko wystąpienia cukrzycy typu I
- obniżają zagrożenie zachorowania na chorobę nadciśnieniową

Badania dowodzą, że dzieci, których matki spożywały DHA w okresie ciąży i karmienia, wykazywały się w późniejszym wieku większymi zdolnościami intelektualnymi, poznawczymi i ruchowymi w odniesieniu do dzieci matek niesuplementujących DHA. Kwasy tłuszczowe odgrywają szczególnie istotną rolę w III trymestrze. Wiele badań udowadnia, że zwiększenie ich przyjmowania podczas ciąży poprawia efekty rozwojowe, takie jak:

- koordynacja wzrokowo-ruchowa potomstwa
- motoryka
- koncentracja

Istotnym elementem jest stosunek kwasów omega-3 i omega-6. W przeciętnej polskiej diecie wynosi on 1:20, a nawet 1:40. Zbyt duża ilość omega-6 w stosunku do omega-3 sprawia, że spada efektywność wykorzystania tych drugich, co dodatkowo pogłębia ich niedobór. Aby w pełni korzystać z dobroczynnego wpływu na zdrowie kwasów tłuszczowych omega-3, powinniśmy je dostarczać w stosunku 1:3 do omega-6. Niedobory w okresie ciąży są przyczyną nieodwracalnych zmian morfologiczno-czynnościowych w ośrodkowym układzie nerwowym. Ponadto przyczyniają się do powstania braków surfakantu, co zagraża życiu wcześniaków oraz powoduje mniejszą odporność na zakażenia wirusowe i bakteryjne u dziecka. Poza dodatkową suplementacją źródłem kwasów omega-3 są:

- śledź
- makrela
- sardynka
- halibut
- tuńczyk
- owoce morza
- oleje roślinne
- orzechy

Nie zapominaj jednak o zasadach dotyczących spożywania ryb, które omawiałam wcześniej.

Należy pamiętać, że kwasy omega-3 rozrzedzają krew i w przypadku suplementowania się kwasami omega-3 należy ją odstawić dwa tygodnie przed planowanym porodem, aby nie wystąpiło ryzyko krwotoków.

KWAS FOLIOWY (B9) – zaleca się dzienne spożywanie od 600 do 800 mikrogramów. Powinnaś go dostarczać przed poczęciem i przez całą ciążę, aby zapobiec niedokrwistości oraz uchronić dziecko przed wadami serca i cewy nerwowej, a także poważnymi zaburzeniami rozwoju mózgu i rdzenia kręgowego. W skrajnych wypadkach niedobory kwasu foliowego powodują poronienie i zakrzepicę. Folate – folic acid jest sztuczną formą kwasu foliowego i często znajduje się w wielu wzbogaconych potrawach i dodatkach. Powszechnie zaleca się rozpoczęcie suplementacji trzy miesiące przed poczęciem, choć możliwe, że lekarz zaleci stosowanie kwasu foliowego nawet sześć miesięcy przed planowanym zajściem w ciążę.

Źródła folianów:

- liściaste zielone warzywa
- szparagi
- owoce cytrusowe
- suszona fasola i groch

WAPŃ – zaleca się stosowanie 1000 miligramów dziennie. Jest odpowiedzialny za budowę kości dziecka i jeśli nie dostarczysz go w odpowiedniej dawce, będzie się uwalniał z Twoich kości, co doprowadzi do utraty masy kostnej w Twoim organizmie. Wapń poprawia również krążenie, wpływa na rozwój mięśni i prawidłowe działanie układu nerwowego.

Źródła wapnia:

- ser kozi
- sardynki
- biała fasola
- nasiona sezamu
- okra
- jarmuż

WITAMINA A – wpływa na jakość widzenia, wspierając odbieranie bodźców wzrokowych w siatkówce oka. Czuwa nad wzrostem tkanki nabłonkowej oraz innych komórek organizmu, wspiera tworzenie się kości i zębów, regulując aktywność komórek tkanki kostnej. Jest dobrym antyoksydantem. Zaleca się jednak szczególną ostrożność w spożywaniu tej witaminy, ponieważ jej niedobór powoduje upośledzenie wzrostu wewnątrzmacicznego oraz przepuklinę przeponową u płodu, a nadmiar może doprowadzić do wady twarzoczaszki, wodogłowia, małogłowia oraz wady układu krążenia. Dlatego, przyszła mamo, dla Ciebie dużo bezpieczniejszy jest beta-karoten, który nie będzie absorbowany w przypadku braku zapotrzebowania organizmu.

Źródła witaminy A:

- marchew
- dynia
- mango
- morele
- melon
- śliwki

WITAMINY Z GRUPY B – Niedobór witaminy B1 wiąże się z hipertrofią wewnątrzmaciczną. Zalecana jej dawka w ciąży to 1,4 miligrama. Niedostateczna ilość spożywanej witaminy B6 prowadzi do wad wrodzonych trzewioczaszki. Zaleca się jej dzienne spożycie w ilości 1,9 miligrama.

Źródła witamin B1 i B6:

- produkty zbożowe z pełnego przemiału
- kasze
- otręby pszenne
- nasiona roślin strączkowych
- orzechy
- mięso
- jaja

WITAMINA C – przyjmowanie odpowiedniej dawki witaminy C sprzyja osiągnięciu prawidłowej masy urodzeniowej dziecka. Ponadto wytwarza ona kolagen i białka, które pełnią funkcję budulcową. Witamina C wspomaga wchłanianie żelaza. Zalecana dzienna dawka to 85 miligramów.

Źródła witaminy C:

- owoce cytrusowe
- pomidory
- acerola
- natka pietruszki
- groszek cukrowy
- szparagi
- jabłka
- żurawina
- kapusta
- czarna porzeczka
- brokuły
- brukselka
- jarmuż
- papaja
- papryka

WITAMINA D – zaleca się spożywanie 1500–2000 IU dziennie co najmniej od II trymestru, ale wszystko zależy od tego, co doradzi lekarz. Jej rolą jest wspomaganie budowy zębów i kości dziecka poprzez poprawę przyswajalności wapnia. Ma również wpływ na ciśnienie krwi, odporność, nastrój i funkcje mózgu ciężarnej, dlatego pamiętaj, aby zapobiec niedoborowi tej witaminy. Dostarczysz jej sobie, spędzając czas na słońcu, ale nie zapominaj o bezpieczeństwie. Należy także pamiętać, że witamina E jest antagonistą witaminy D.

Źródła witaminy D:

- makrela
- łosoś
- sieja
- sardynki
- jajka

WITAMINA E – zalecana dawka dzienna to 15–19 miligramów. Jej zadaniem jest ochrona komórek przed wolnymi rodnikami, dostarczanie składników odżywczych do komórek, wzmacnianie naczyń krwionośnych i ochrona czerwonych krwinek przed przedwczesnym rozpadem. Witamina E wychwytuje wolne rodniki w organizmie, uniemożliwia utlenianie nienasyconych kwasów tłuszczowych czy fosfolipidów. Chroni błony komórkowe przed uszkodzeniem. Jej nadmiar może mieć negatywny wpływ na płód.

Źródła witaminy E:

- oleje roślinne
- natka pietruszki
- pomidory
- papryka
- czarne jagody
- orzechy
- nasiona słonecznika
- pestki dyni

JOD – bierze udział w produkcji hormonów tarczycy (tyroksyny, trójjodotyroniny), które wspierają rozwój i funkcjonowanie mózgu oraz układu nerwowego. Poza tym reguluje wzrost, dojrzewanie i metabolizm, jest ważny dla układu mięśniowego i krążenia. Niedobór tego pierwiastka może doprowadzić do zaburzeń rozwoju psychosomatycznego i rozwoju zespołu nadaktywności ruchowej (ADHD), a także zaburzeń wagi. Trwały niedobór jodu jest przyczyną niedoczynności tarczycy, a pacjentki z tym schorzeniem mają wysoki współczynnik poronień i wczesnych porodów. Planując ciążę, dobrze dostarczać organizmowi jodek potasu w ilości 50 mikrogramów na dobę. W okresie ciąży, a zwłaszcza w I trymestrze ilość ta wzrasta trzy- lub czterokrotnie.

Źródła jodu:

- ryby
- glony morskie
- jodowana sól kuchenna
- niektóre wody mineralne
- morskie powietrze

Według Światowej Organizacji Zdrowia niedobór jodu jest najbardziej rozpowszechnioną na świecie przyczyną uszkodzenia mózgu. Dzieci mieszkające na terenach ubogich w jod mają wskaźnik IQ niższy o około 15 punktów od dzieci z obszarów bogatych w ten pierwiastek. Z drugiej strony nadmiar jodu jest przyczyną częściej występujących porannych mdłości. Jod chroni organizm przed toksynami, a częste niedobory tego pierwiastka spowodowane są właśnie występowaniem toksyn, takich jak dym czy spaliny samochodowe.

CYNK – zapotrzebowanie na cynk w przypadku ciężarnych poniżej 19. roku życia wynosi 12 miligramów na dobę, a u starszych przyszłych matek, powyżej 19. roku życia – 11 miligramów na dobę. Nazywany jest pierwiastkiem życia, bo odpowiada za prawidłowy wzrost i rozwój płodu. Warunkuje aktywność wielu enzymów, które uczestniczą w metabolizmie komórek. Obecność cynku w organizmie jest konieczna, aby doszło do zapłodnienia, a jego poziom trzeba kontrolować przez całą ciążę. Niedobór może zwiększyć prawdopodobieństwo poronienia, przedwczesnego porodu, odklejenia się łożyska lub urodzenia dziecka o niskiej masie urodzeniowej. Dodatkowo istnieje ryzyko wystąpienia wad wrodzonych płodu, takich jak rozszczep kręgosłupa, warg i podniebienia oraz upośledzenia wzroku. Ponadto cynk działa przeciwzapalnie, bakteriostatyczne i chroni przed infekcjami.

Źródła cynku:

- nasiona dyni
- ziarna sezamu
- ziarna słonecznika
- otręby
- mięso indyka
- wołowina
- zarodki pszenicy
- gotowane ostrygi
- małże
- kiełki pszenicy
- cebula
- czosnek
- ciemne pieczywo

Cynk wpływa też na regenerację, stan skóry, włosów i paznokci. Warto więc zadbać o ten suplement w diecie ze względu na zdrowie dziecka i prawidłowy jego rozwój, jak i własną urodę.

MANGAN – zaleca się spożywanie 2 miligramów dziennie, szczególnie w I trymestrze. Jest on odpowiedzialny za rozwój narządów słuchu, chrząstek oraz kości płodu. Niedobór powoduje opóźnienie w rozwoju fizycznym, a nadmiar hamuje przyswajanie żelaza.

Źródła manganu:

- nasiona roślin strączkowych
- pełnoziarniste produkty zbożowe
- ryż
- warzywa (szpinak, marchew, brokuł)
- orzechy
- truskawki
- banany
- otręby pszenne

MAGNEZ – kobietom w ciąży zaleca się spożycie w ilości 360–400 miligramów na dobę. U ciężarnych wzrasta objętość krwi krążącej i bardzo istotne jest utrzymanie jej prawidłowego ciśnienia dzięki rozkurczom mięśniówki naczyń. Zadaniem magnezu jest regulacja przewodnictwa nerwowo-mięśniowego, a zatem ciśnienia tętniczego. Odgrywa również ważną rolę przy procesach wzrostu, w budowie kości oraz czuwa nad prawidłowym funkcjonowaniem układu nerwowego, a także nad poprawną masą urodzeniową.

Źródła magnezu:

- orzechy
- kiełki
- pestki dyni i słonecznika
- migdały
- rośliny strączkowe
- produkty zbożowe
- banany
- otręby pszenne
- gorzkie kakao
- suszone owoce

SELEN – zalecana dawka to 60 miligramów na dzień. Stosowanie selenu przez kobiety w ciąży ma zapobiec przedwczesnemu porodowi, gestozie i poporodowemu zapaleniu tarczycy. Należy bardzo uważać, by nie spożywać go w zbyt dużej ilości. Objawy przypominają wówczas zatrucie pokarmowe i szczególnie w czasie ciąży jest to niebezpieczne.

Źródła selenu:

- wątróbka
- ryby
- skorupiaki
- czerwone mięso
- podroby
- pieczywo pełnoziarniste
- brązowy ryż
- jaja
- czosnek
- cebula
- kapusta
- szparagi
- pestki dyni
- pestki słonecznika
- ser żółty
- sól morska i kopalniana

CHROM – reguluje poziom lipidów we krwi, tym samym chroni przed miażdżycą i wpływa na utrzymanie odpowiedniego poziomu cholesterolu LDL oraz HDL. Jest niezbędny w przemianie węglowodanów, gdyż wspiera produkcję insuliny, pobudza transport aminokwasów do komórek, przemiany energetyczne i syntezę kwasów tłuszczowych oraz zapobiega nadwadze, hamując odkładanie tłuszczu. Niedobory chromu powodują częste stany depresyjne, bóle głowy, drażliwość, niepokój, zmęczenie oraz utratę masy ciała.

Źródła chromu:

- ser
- jaja
- owoce morza
- ryby
- chude mięso
- sałata
- groszek zielony
- brokuły
- kiełki pszenicy
- olej
- grzyby
- sok winogronowy
- drożdże piwne

Mogę się domyślać, że lista niezbędnych witamin i składników mineralnych prowokuje pytanie: „Naprawdę to konieczne? A jeśli tak, to czy moja dieta jest wystarczająco zdrowa?". Po pierwsze, TAK, to konieczne, aby zadbać o zdrowie swoje i dziecka. A po drugie, zaryzykuję stwierdzenie, że bardzo trudno odżywiać się w taki sposób, aby zaspokoić dzienne zapotrzebowanie organizmu ciężarnej na wszystkie wymienione składniki. Wielu ekspertów uważa, że nawet kobiety w ciąży, które zachowują najwyższą jakość żywieniową, nie są w stanie dostarczyć sobie i dziecku wszystkich koniecznych substancji odżywczych. Na szczęście na rynku farmaceutycznym dostępne są witaminy prenatalne, które zawierają wszystkie kluczowe składniki odżywcze plus wiele innych. Wybieraj takie bez glutenu i GMO. Można również znaleźć prenatalne witaminy z DHA – to oznacza mniej pigułek do spożywania codziennie. Nie stosuj witamin prenatalnych jako zamiennika zdrowej diety. Działają one najlepiej, gdy są traktowane jako jej część, a nie zdrowy cukierek na deser. Pamiętaj jednak o skonsultowaniu się z lekarzem, który pomoże wybrać te najodpowiedniejsze.

Rozumiem, że wiele z nas, przyszłych mam, chce uniknąć suplementacji i dostarczyć sobie niezbędnych składników, czerpiąc je ze świeżych produktów. W pełni popieram takie podejście, ale z drugiej strony nie należy zapominać o tym, że kwas foliowy musi być dostarczany do organizmu ciężarnej kobiety w ilości 600 mikrogramów dziennie, a żelazo w ilości 27 miligramów dziennie. Jeśli nie masz pewności, czy Twoja dieta zaspokaja te potrzeby, skorzystaj z suplementacji – pamiętaj, że odpowiednia ilość tych składników jest niezbędna dla zdrowia kobiety w ciąży i jej dziecka. Nie zapominajmy jednak o tym, że każda z nas jest inna i potrzeby organizmu to sprawa bardzo indywidualna. Potrzeba dodatkowych minerałów (oprócz kwasu foliowego) może zależeć od takich czynników jak naturalna chemiczna struktura ciała, dieta i historia zdrowia. Bądź ostrożna i nie przekraczaj zalecanych dziennych dawek składników odżywczych, które znajdują się w wielu innych produktach, nie tylko w dodatkowej suplementacji. Pamiętaj, że co za dużo, to niezdrowo!

Jeśli jesteś wegetarianką, przyda Ci się suplementacja takich składników jak witamina B12, cynk, żelazo, kwasy tłuszczowe omega-3 i kwasy tłuszczowe, takie jak DHA. Zdarza się, że witaminy prenatalne powodują nudności lub pogłębiają poranne mdłości. Możesz temu zaradzić, spożywając je jednocześnie z jedzeniem. Jeśli to nie pomoże, należy zwrócić się do lekarza o witaminy do żucia lub ssania zamiast kapsułek. Suplementy prenatalne mogą wywołać skutki uboczne, na przykład ciemne stolce lub zaparcia spowodowane nadmierną zawartością żelaza. Jeśli zauważysz u siebie nieprawidłowości, poinformuj o tym lekarza.

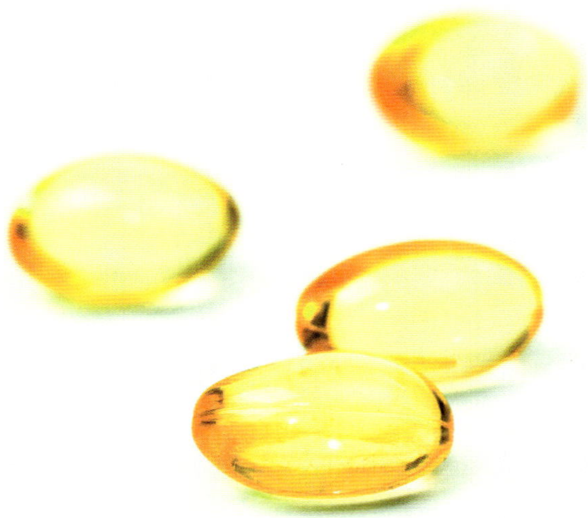

ALERGIE POKARMOWE A ŻYWIENIE KOBIET W CIĄŻY

Jak wspomniałam w pierwszym rozdziale, przygotowując się do ciąży, dobrze zadbać o odpowiednie badania, które wskażą, czy nie mamy problemu z alergiami lub nietolerancjami pokarmowymi. Jeśli zdiagnozowano niepożądane reakcje na pokarmy, musimy nie tylko przestrzegać odpowiedniej, zdrowej diety, lecz przede wszystkim wykluczyć z niej produkty alergizujące. Jeśli nie jesteś alergiczką, nie ma potrzeby stosowania diety hipoalergicznej (czyli wykluczającej najczęściej alergizujące produkty) w okresie ciąży. Alergie pokarmowe są niestety istotnym problemem naszych czasów i mogą dotyczyć aż 6–8 procent dzieci do trzeciego roku życia. Chorobami alergicznymi dotknięte są głównie osoby obciążone predyspozycją genetyczną do ich rozwoju. Innymi słowy dziecko alergicznych rodziców niestety obciążone jest wyższym ryzykiem wystąpienia chorób alergicznych. Jeśli zarówno mama, jak i ojciec dziecka mają jakiekolwiek problemy alergiczne, prawdopodobieństwo, że maluch je odziedziczy, jest wysokie. Szacuje się, że w takim przypadku dziecko ma aż o 70 procent większe predyspozycje do rozwoju alergii niż jego rówieśnicy pochodzący z niealergicznych domów.

Alergie mogą się rozwinąć także u dziecka, w którego rodzinie tego typu problemy wcześniej się nie pojawiały. Trzeba bowiem podkreślić, że we współczesnym środowisku występuje wiele czynników zwiększających ryzyko rozwoju chorób alergicznych. Należy zaliczyć do nich przede wszystkim coraz większe zanieczyszczenie środowiska oraz postępującą jego higienizację, czyli wyjałowienie naszego otoczenia. Jest to spowodowane chociażby nadużywaniem antybiotyków czy środków dezynfekcyjnych. W konsekwencji nasz układ immunologiczny, którego znaczna część działa w przewodzie pokarmowym, nie jest odpowiednio „stymulowany" swoimi naturalnymi przeciwnikami, czyli bakteriami, grzybami czy pasożytami. Dlatego zaczyna się często mylić i zwalczać elementy dla nas nieszkodliwe, na przykład pokarmy lub pyłki roślin. Jest to mechanizm leżący u podłoża rozwoju chorób alergicznych.

Jak już wspomniałam, jeśli jesteś alergiczką, ryzyko występowania tej choroby u dziecka jest dość wysokie. Warto wówczas karmić maluszka wyłącznie piersią, przynajmniej przez pierwszych sześć miesięcy jego życia. Przeprowadzone dotychczas badania wykazały bowiem, że ten sposób karmienia może wpłynąć na zmniejszenie ryzyka wystąpienia alergii u dziecka. Do czynników obniżających prawdopodobieństwo rozwoju choroby alergicznej u dziecka należą również probiotyki. Jeśli masz problem z alergią, powinnaś rozważyć ich stosowanie w okresie ciąży oraz laktacji.

Jeśli u dziecka wystąpią jednak objawy wskazujące na alergię, a Ty karmisz piersią, należy skonsultować się z lekarzem. Najprawdopodobniej konieczne okaże się zastosowanie diety eliminacyjnej, czyli wykluczającej problematyczne pokarmy. Jeśli dziecko cierpi na alergię, jego organizm rozpoczyna produkcję specyficznych przeciwciał typu IgE (na przykład przeciw białkom mleka krowiego). Mówimy wówczas o tak zwanej alergii natychmiastowej. Do najczęstszych jej objawów należą zaburzenia żołądkowo-jelitowe (wymioty, masywne ulewania, luźniejsze stolce z domieszką krwi, śluzu, przewlekłe zaparcia i kolki), rekcje skórne, na przykład

na policzkach, tułowiu i kończynach, które mają postać grudek, plamek i reakcji rumieniowej. Często jest to skórna postać alergii pokarmowej, czyli atopowe zapalenie skóry. Takie dzieci zazwyczaj niechętnie przyjmują pokarmy, stają się niespokojne, płaczliwe i rozdrażnione. Do pokarmów alergizujących należą białka kurzych jaj, mleko krowie i białko roślinne. Objawami alergii pokarmowej mogą być również problemy układu oddechowego (kaszel, sapka niemowlęca, nawracające infekcje górnych dróg oddechowych). Karmienie mlekiem matki jest jednym ze sposobów zapobiegania alergii pokarmowej.

Produktem najczęściej uczulającym dzieci jest białko mleka krowiego. Jeśli zostanie stwierdzona tego typu reakcja, należy wyeliminować z diety mamy karmiącej mleko i produkty mleczne. Eliminację mleka należy podtrzymać przy wprowadzaniu pokarmów stałych u niemowlaka. Aby dziecko prawidłowo się rozwijało, przybierało na wadze i rosło w odpowiednim tempie, musi mieć zapewnioną zbilansowaną ilościowo i jakościowo dietę. Rodzice nie powinni podejmować decyzji o eliminacji jakichkolwiek produktów z diety maluszka samodzielnie. W takiej sytuacji zawsze konieczna jest konsultacja lekarska.

Karmienie mlekiem mamy jest najlepszym wyborem dla małego organizmu. Niestety nie zawsze możesz karmić piersią i w pewnym momencie musisz wprowadzić mleko modyfikowane. Jeśli chcesz wprowadzić mleko modyfikowane dla Twojego dziecka, należy podjąć tę decyzję wspólnie z lekarzem prowadzącym. Jeżeli u maluszka występuje alergia na białko mleka, nie każda mieszanka mlekozastępcza będzie dla niego odpowiednia, a wybór niewłaściwego preparatu może skutkować rozwojem objawów alergii. U alergików konieczne będzie wdrożenie mleka modyfikowanego hipoalergicznego.

Po wyeliminowaniu mleka z diety uczulonego na nie dziecka poprawę widać z reguły już po kilku dniach. Jeśli alergia została zdiagnozowana w wieku noworodkowym lub niemowlęcym i zastosowano restrykcyjną dietę eliminacyjną, szanse na powrót do pełnej diety po kilku latach są dość duże.

Pierwsze objawy alergii mogą się pojawić nie tylko u noworodka czy niemowlęcia, ale i u starszego dziecka, w wieku szkolnym lub przedszkolnym. Jej objawy są wówczas z reguły mniej gwałtowne i ma ona łagodniejszy przebieg. Nie zmienia to faktu, że tu również konieczne będzie wyeliminowanie uczulających produktów z diety.

Sama z wielką ostrożnością podchodzę do tego tematu. Jako dziecko chorujące na astmę i mające wiele alergii wiem, jak ważne jest przygotowanie się do ciąży i zwrócenie uwagi na wszystkie wymienione szczegóły. Nie lekceważmy tego, drogie przyszłe mamy!

MIKROFLORA JELITOWA. STOSOWANIE PROBIOTYKÓW W CIĄŻY I W OKRESIE KARMIENIA

W naszych jelitach żyje olbrzymia ilość drobnoustrojów niezbędnych do prawidłowego funkcjonowania całego organizmu, do ochrony przed infekcjami oraz wspomagania neutralizacji i usuwania toksyn z organizmu. Dodatkową korzyścią jest produkcja wielu witamin z grupy B i K, regulacja gospodarki jonowej w jelicie i poprawianie perystaltyki jelit oraz regulacja procesów trawienia. Bardzo istotne jest więc, aby w naszych jelitach dominowały „dobre" bakterie, sprzyjające zachowaniu naszych organizmów w jak najlepszym zdrowiu. Niestety współczesny tryb życia – nadużywanie leków, choroby, stres, wysoko przetworzona żywność, używki – i inne czynniki sprzyjają namnożeniu bakterii potencjalnie chorobotwórczych i grzybów drożdżopodobnych.

Zaburzenia mikroflory powodują:

- biegunki
- wzdęcia
- zaparcia
- ból brzucha
- problemy skórne (na przykład atopowe zapalenie skóry)
- zmniejszenie odporności
- nasilenie procesów alergicznych
- zaburzenia nastroju
- zespół chronicznego zmęczenia
- problemy z utratą nadmiernej masy ciała

Zgodnie z opinią doktor Patrycji Szachty oraz dietetyka Łukasza Sieńczewskiego stosowanie odpowiednich probiotyków w ciąży wpływa na prawidłową mikroflorę jelita oraz pochwy. Jest to bardzo istotne dla prawidłowej kolonizacji przewodu pokarmowego dziecka, do której dochodzi podczas porodu. Noworodek zasiedlany jest przez bakterie pochodzące z dróg rodnych matki (poród naturalny) bądź ze środowiska szpitalnego (poród poprzez cesarskie cięcie). Droga, którą dziecko przychodzi na świat, a następnie sposób karmienia są niezwykle istotne dla ukształtowania się prawidłowej mikroflory jelita. Dzieci urodzone naturalnie i karmione mlekiem matki charakteryzują się lepszym kształtem mikroflory i są mniej podatne na choroby cywilizacyjne. Dzieci rodzone drogą cesarskiego cięcia i karmione mlekiem modyfikowanym powinny przyjmować odpowiednie probiotyki, bo zostają niestety na samym początku skolonizowane bakteriami pochodzenia szpitalnego, co negatywnie wpływa na dalsze kształtowanie się ekosystemu jelitowego. Proces kształtowania się względnie stałej mikroflory przewodu pokarmowego trwa do około drugiego roku życia, około siódmego roku życia uznajemy, że mikrobiota dziecka przybiera ostateczny kształt.

Przed ciążą, jak i w jej trakcie stosowałam zindywidualizowaną probiotykoterapię, ułożoną pod kątem moich wyników badań kału. Brak wzdęć, problemów trawiennych, gazów czy zaparć w czasie mojej ciąży to być może jedna z zasług stosowania probiotyków. Jak już wspomniałam, do ciąży starałam się przygotować świadomie, traktując to jako najlepszą zdrowotną inwestycję w moje dziecko.

JAK TO JEST Z NABIAŁEM KROWIM?

Jednym z pierwszych posiłków Twojego dziecka będzie mleko, którego sama mu dostarczysz. I słusznie... Pamiętaj jednak, że dieta ma teraz wpływ nie tylko na Twoje zdrowie, więc szczególnie uważaj na to, co jesz. Po pierwsze, taka forma białka jest najlepiej przyswajalna. Ponadto zawiera ono laktozę, kwasy omega-3, omega-6, omega-9 i wiele innych składników niezbędnych do zdrowego rozwoju. Z czasem dziecko przestaje być karmione mlekiem matki i jego dieta jest uzupełniana mlekiem krowim, które znacznie różni się od ludzkiego. Zdaniem dietetyka Jacka Kucharskiego zawiera ono składniki w innych proporcjach niż mleko ludzkie. Najlepiej uzasadnia to fakt, że cielak podwaja swoją masę w ciągu 45 dni, a dziecko 180, a zatem Twój maluszek potrzebuje innych proporcji składników odżywczych. Warto zaznaczyć, że człowiek jest jedynym ssakiem, który pije mleko innego zwierzęcia. Mleko krowie zawiera kazeinę, a do jej trawienia niezbędna jest produkcja enzymu podpuszczki oraz bakterie, które znajdują się w świeżym mleku. Kazeina jest przyswajalna przez ludzki organizm po przetworzeniu przez bakterie i enzymy własne oraz te zawarte w mleku nieprzetworzonym i od krowy właściwie karmionej. Uważam, że dzieci w ogóle nie powinny być karmione mlekiem krowim. Dobrze opisuje to alergolog Danuta Myłek w książce *Od lekarza do kucharza*. Produkty mleczne dostępne na sklepowych półkach tracą niestety bakterie w procesach wielokrotnego przetwarzania, a podpuszczka przestaje być produkowana w późniejszym wieku. Oznacza to, że organizm ludzki ma wielkie trudności ze strawieniem mleka, a ogromna ilość białka w nim zawarta ma właściwości alergizujące. Z niestrawionej kazeiny powstaje homocysteina, która blokuje żyły i tętnice oraz osłabia tkankę łączną. Sód zawarty w mleku krowim pogarsza pracę nerek, z kolei brom dodawany do mleka w celu konserwacji blokuje czynności tarczycy.

Mleko krowie jest źródłem wielu niezbędnych składników mineralnych potrzebnych do zachowania zdrowia. Często słusznie jest polecane kobietom w ciąży, ale wiele przyszłych mam ma alergie pokarmowe IgG, IgE, IgA. Jestem niestety jedną z nich i dlatego nie polecam krowiego nabiału osobom z alergiami na ten składnik diety. Coraz częściej pojawiają się również opinie, że nawet dla osób, które nie mają nietolerancji i alergii pokarmowych, produkty mleczne są niezdrowe, a w skrajnych przypadkach mogą przynosić więcej szkód niż korzyści. To bardzo kontrowersyjna teoria, ale warto się zapoznać z faktami, by samemu podjąć świadomą decyzję, czy krowi nabiał jest nam potrzebny, czy też nie.

ROŚLINY STRĄCZKOWE – CZY TO DOBRE ŹRÓDŁO BIAŁKA W CIĄŻY?

Wegetarianie bardzo często polecają rośliny strączkowe jako dobre źródło białka w ciąży. Strączki są źródłem składników mineralnych i witamin, ale zawierają też wiele węglowodanów. Lektyny pochodzące z roślin strączkowych mogą niestety uszkadzać śluzówkę jelita, więc są dla niektórych osób niekorzystne i powinny być ograniczone. Dlatego warto obserwować swój organizm. W skład roślin strączkowych wchodzą niestety również kwas fitynowy i sole kwasu fitynowego, które wiążą między innymi takie minerały jak wapń, cynk i magnez. Dopiero aktywacja enzymu fitazy udostępnia nam te minerały. Niewielka ilość kwasu fitynowego wykazuje działanie prozdrowotne, lecz problemem jest jego nadmiar. Fitazę aktywuje moczenie, fermentacja, wolne gotowanie, a blokuje wysoka temperatura (prażenie) i promieniowanie (kuchenki mikrofalowe, indukcyjne), a to z kolei blokuje wchłanianie wapnia, cynku i magnezu i zakłóca funkcje enzymów. Strączki zawierają dużo miedzi, ale należałoby zwrócić uwagę na jej ilość, ponieważ może powodować problemy z układem nerwowym i hormonalnym. Ciężarne na diecie bezmięsnej często mają niedobory cynku, które dodatkowo potęgowane są nadmiarem miedzi, gdyż to antagonistyczne pierwiastki. Dodatkowo strączki stanowią dobre źródło węglowodanów, co może być istotne dla kobiet aktywnych lub trenujących w okresie ciąży. Możesz zwiększyć przyswajalność (jeśli chcesz ułatwić pracę przewodu pokarmowego) roślin strączkowych poprzez ich odpowiednie przygotowanie (namaczanie, fermentacja i kiełkowanie). Gotuj je do miękkości metodą tradycyjną lub w szybkowarze. Przed ugotowaniem mocz w wodzie z kwaśnym odczynem przez co najmniej 12 godzin. Wybieraj fasolkę szparagową i groszek lub soczewicę. Pamiętaj, że puszkowane strączki nie zawierają dużej ilości lektyn. Uważaj na czerwoną fasolkę, bo może być ciężkostrawna, jeśli nie będziesz jej gotować wystarczająco długo. Należy zaznaczyć, że rośliny strączkowe nie są pełnowartościowymi białkami i że warto połączyć je z węglowodanami pochodzącymi ze zbóż, które dostarczą pełnowartościowego białka.

ZIOŁA W CIĄŻY – TAK CZY NIE?

WIEM, ŻE JEST TO TEMAT DOŚĆ KONTROWERSYJNY, ALE MAM ZAUFANIE DO PEWNYCH BADAŃ. ZGODNIE Z NIMI MOŻNA STOSOWAĆ PEWNE ZIOŁA W OKREŚLONYCH PRZYPADKACH.

Wielu lekarzy mówi o bezpiecznym stosowaniu takich ziół jak:

- **rumianek lekarski** – działa antybakteryjnie, przeciwzapalnie, reguluje pracę układu pokarmowego, łagodzi nudności, działa relaksacyjnie
- **rumianek rzymski** (na przykład olejek eteryczny) – hamuje reakcje alergiczne, regeneruje naskórek, poprawia perystaltykę jelit
- **melisa** – działa uspokajająco, dodatkowo reguluje pracę układu pokarmowego, łagodzi ciążowe nudności i pomaga w problemach ze snem
- **czarny bez** – doskonale sprawdza się podczas przeziębień, działa antybakteryjnie, przeciwgorączkowo
- **koper włoski** – poprawia trawienie, działa wiatropędnie, gdy męczą wzdęcia
- **anyżek** – reguluje trawienie, działa wiatropędnie, polecany przy zaparciach, bólach brzucha i wzdęciach
- **owoce kminku** – łagodzą wzdęcia, odbijanie, lekkie zaparcia
- **kolendra** – łagodzi bóle stawów, wspiera oczyszczanie wątroby
- **koper ogrodowy** – łagodzi dolegliwości żołądkowe oraz jelitowe, zawiera żelazo, potas i beta-karoten
- **pokrzywa** – działa moczopędnie, usuwa obrzęki, jest bogata w minerały i witaminy

Na zaparcia poleca się:

- babkę płesznik
- babkę owalną
- babkę lancetowatą
- len

Unikaj takich ziół jak:

- kora kruszyny
- owoce szakłaku
- liście i strączki senesowe
- sok z liści aloesu
- korzeń i kłącze rzewienia

Rośliną antrachinową jest także **olej rycynowy**. Nie powinnaś ich też spożywać w trakcie karmienia, żeby nie wywołać biegunki u dziecka.

W ciąży nie stosuj roślin, które mogą wywołać skurcze macicy, takich jak:

- ziele piołunu
- liść szałwii
- koszyczek wrotyczu
- preparaty z kasztanowca
- korzeń żeń-szenia
- zioła szwedzkie

W moim przypadku sprawdziły się herbaty z pokrzywy (usuwa obrzęki), kopru włoskiego (poprawia trawienie) i pietruszki (moczopędna). Piłam je regularnie przez całą ciążę, a szczególnie w II i III trymestrze.

→ **pokrzywa** (jedna szklanka – herbata lub świeża)

→ **koper włoski** (jedna szklanka – herbata lub nasiona)

→ **świeża natka pietruszki**

→ **rumianek**

Polecam stosowanie:

- **anyżu gwiazdkowatego** – wzmacnia i rozkurcza przewód pokarmowy, łagodzi kaszel i reguluje trawienie oraz pobudza wydzielanie mleka (podobnie jak ryż brązowy!)
- **kopru włoskiego** – pobudza trawienie oraz laktację
- **kolendry** – pobudza laktację, przyspiesza wchłanianie pokarmu
- **kminu rzymskiego** – pobudza laktację, odżywia mamę, przyspiesza trawienie, poprawia pracę wątroby
- **amarantusa** – bardzo polecany przy słabej laktacji, jest bogaty w składniki odżywcze (niezbędne aminokwasy i żelazo)

MÓJ ULUBIONY ELIKSIR ZDROWIA

Zaparz pokrzywę i koper włoski w małym rondelku. Dodaj szklankę wody i pęczek natki pietruszki (gotuj około 8 minut). Pij trzy razy dziennie.

Co trzecia kobieta w ciąży cierpi na wymioty już od drugiego tygodnia po poczęciu. Na szczęście nie miałam żadnych przykrych dolegliwości... poza nowym „darem" – przypalaniem kaszy. Wiem jednak, że pomocna będzie domowa herbatka z imbirem, melisą i nagietkiem.

A TERAZ WISIENKA NA TORCIKU, CZYLI COŚ, BY POŁECHTAĆ PODNIEBIENIE :)

Zanim jednak przejdziemy do słodkich i wytrawnych deserów, krótko przypomnę o ważnej rzeczy, o której pisałam w pierwszym rozdziale. Niektóre przyprawy mogą wywołać skurcze macicy i choć wzbogacają walory smakowe Twoich dań, to staraj się ich nie nadużywać. Oczywiście szczypta nie zaszkodzi, ale bądź ostrożna, wybierając poniższe przyprawy:

- tymianek
- rozmaryn
- arnika
- szałwia
- szafran
- piołun
- kolendra
- aminek większy
- czarnuszka siewna
- niepokalanek pieprzowy
- drapacz pospolity
- jałowiec pospolity
- estragon
- piwonia

ALE JAJA! ...NA SERIO!

Jeżeli nie masz uczulenia na jajka, to jedz je, bo to najzdrowszy produkt pochodzenia zwierzęcego i źródło wielu składników odżywczych, jak:

- białko – najwyższej jakości, bogate w aminokwasy
- witaminy
- minerały: wapń, żelazo, magnez, fosfor, potas, sód, cynk, miedź, selen, fluor
- lecytyna
- kwasy omega-3
- tłuszcz – niezbędne dla organizmu nienasycone kwasy tłuszczowe
- karotenoidy: beta-karoten, kryptoksantyna, luteina i zeaksantyna
- cholina – odpowiedzialna za poprawne funkcjonowanie mózgu i układu nerwowego, zmniejsza wchłanianie cholesterolu oraz obniża ryzyko miażdżycy

* Nie zapominaj o zagrożeniu salmonellą, o którym pisałam wcześniej, unikaj więc niedogotowanych bądź surowych jaj, a przed ugotowaniem dokładnie umyj skorupki!

WARZYWNY BURGER Z JAJKIEM SADZONYM

PORCJA – 275 KCAL

SKŁADNIKI NA 1 PORCJĘ

- 4 marchewki
- ½ szklanki ugotowanej kaszy jaglanej lub gryczanej
- ok. 5 cm świeżego imbiru
- 1 łyżka oleju kokosowego
- 2 jajka
- przyprawy: szczypta kurkumy, sól morska, bazylia, pieprz czarny

SPOSÓB PRZYGOTOWANIA

W osobnych garnkach ugotowałam kaszę jaglaną i marchewkę (można ją przygotować też na parze). Następnie połączyłam je i dodałam starty imbir, przyprawy oraz jajko. Wszystko zmiksowałam i uformowałam kulki. Rozgrzałam piekarnik do 180°C, przełożyłam burgery do foremek na muffinki i piekłam ok. 25 minut. Pozostawiłam chwilę w piekarniku. Na patelni rozpuściłam tłuszcz i usmażyłam jajko ze szczyptą pieprzu, po czym przełożyłam je na burgera.

ZIELONY OMLET

PORCJA – 510 KCAL

SKŁADNIKI NA 1 PORCJĘ

- 3 jajka
- 1 cebula
- 150 g szpinaku (najlepiej młodego)
- garść świeżych ziół: bazylia, koperek, natka pietruszki
- szczypta soli morskiej
- szczypta pieprzu czarnego
- szczypta majeranku
- 1 łyżeczka masła klarowanego
- ½ awokado
- 6 pomidorków koktajlowych

SPOSÓB PRZYGOTOWANIA

W misce roztrzepałam jajka, połączyłam ze świeżymi ziołami i zmiksowałam, dodając wszystkie przyprawy. Bardzo drobno pokroiłam cebulę, a następnie poddusiłam ją na tłuszczu na patelni. Wylałam masę jajeczną i smażyłam omlet z obu stron. Do środka włożyłam pokrojone awokado i pomidorki koktajlowe.

PIECZONE JAJKO SADZONE Z WARZYWAMI I BOCZKIEM

PORCJA – 490 KCAL

Nie bój się boczku – to dawka białka, zdrowych tłuszczów pochodzenia zwierzęcego oraz sodu, który odpowiada za prawidłowe rozmieszczenie wody w organizmie. Pamiętaj jednak, że co za dużo, to niezdrowo.

SKŁADNIKI NA 1 PORCJĘ

- 2 jajka
- 200 g szpinaku baby
- 10 pomidorków koktajlowych
- 6 pieczarek
- 20 g boczku
- 1 łyżka masła klarowanego
- szczypta soli jodowanej lub morskiej
- szczypta pieprzu czarnego

SPOSÓB PRZYGOTOWANIA

Piekarnik rozgrzałam do 180°C. Naczynie żaroodporne wysmarowałam masłem klarowanym, włożyłam umyte warzywa: szpinak, przekrojone pomidorki oraz pokrojone w talarki pieczarki, a na koniec wbiłam jajka, rozrzuciłam pokrojony w kostkę boczek i posypałam przyprawami.

Włożyłam do piekarnika i piekłam ok. 5–6 minut, aż jajko się ścięło. Najlepsze jest ciepłe!

JAJKO W AWOKADO OTOCZONE BOCZKIEM

PORCJA – 726 KCAL

SKŁADNIKI NA 1 PORCJĘ

- 1 duże awokado
- 1 jajko
- 2 plastry boczku
- 1 łyżeczka masła klarowanego lub oleju kokosowego
- pieprz czarny i sól morska do smaku

SPOSÓB PRZYGOTOWANIA

Sparzyłam jajka wrzątkiem, ugotowałam je na twardo, a potem włożyłam do zimnej wody. W tym czasie obrałam awokado, przekroiłam i dużą łyżką wyjęłam pestkę, robiąc miejsce na jajko. Obrałam jajko, przekroiłam na pół i włożyłam do awokado. Połączyłam dwie połówki i owinęłam plastrami boczku. Rozgrzałam tłuszcz na patelni i smażyłam awokado na średnim ogniu pod przykryciem. Po 2 minutach obróciłam.

SZPARAGI
NA PARZE Z JAJKIEM NA TWARDO

PORCJA – 288 KCAL

Szparagi to źródło kwasu foliowego, błonnika, witamin C i E, beta-karotenu, wapnia, fosforu oraz potasu. Ponadto zapobiegają chorobom nowotworowym.

SKŁADNIKI NA 1 PORCJĘ

- 1 pęczek zielonych szparagów
- 2 jajka
- sól morska
- pieprz czarny
- garść koperku
- 1 łyżka masła klarowanego

SPOSÓB PRZYGOTOWANIA

Umyłam dokładnie szparagi, osuszyłam i oderwałam zdrewniałe końcówki, po czym włożyłam do naczynia/parowaru i gotowałam ok. 15 minut. W tym czasie ugotowałam jajka na twardo.
Na patelni rozpuściłam masło klarowane, dodałam posiekany koperek oraz przyprawy. Szparagi i jajka pokrojone w łódeczki ułożyłam na talerzu i polałam sosem z masła klarowanego.

PORCJA – 317 KCAL

Brukselka ze względu na zawartość kwasu foliowego jest bardzo polecana przyszłym mamom. Ponadto zawiera potas, magnez, sód, chlorofil, indole, ditiothiony, karotenoidy i glukozynolany, a także witaminy A, C, B6, B1 oraz K.

SKŁADNIKI NA 1 PORCJĘ

- 3 jajka
- 150 g brukselki
- ½ pęczka koperku
- szczypta soli jodowanej lub morskiej
- pieprz czarny

SPOSÓB PRZYGOTOWANIA

Umyłam dokładnie brukselkę, ugotowałam na parze do miękkości z solą i pieprzem, a następnie zblendowałam na purée (jeśli masa jest zbyt sucha, dolej troszeczkę wody). Sparzyłam jajka i ugotowałam na twardo, po czym ostudziłam w zimnej wodzie. Następnie obrałam i przekroiłam dokładnie na pół, wyjęłam żółtko i zmiksowałam je z brukselką. Pastą wypełniłam połówki białka i doprawiłam do smaku.

KOLOROWA JAJECZNICA ZDROWEJ MAMY

PORCJA – 460 KCAL

Wszystkie świeże papryki to bogactwo wapnia, żelaza, potasu, magnezu, witaminy C i witamin z grupy B. Ze względu na właściwości moczopędne oczyszczają organizm i regulują ciśnienie krwi. Papryki jednak różnią się od siebie nie tylko kolorem, ale i wpływem na zdrowie. Papryka czerwona zawiera dużo beta-karotenu i witaminy C, więc opóźnia powstawanie zmarszczek. Papryka zielona jest bogata w kwas foliowy i witaminę E, co wpływa dobroczynnie na rozwój płodu i dobre parametry krwi. Papryka żółta to źródło luteiny i zeaksantyny, warto ją jeść zatem, by cieszyć się dobrym wzrokiem.

SKŁADNIKI NA 1 PORCJĘ

- ⅓ czerwonej papryki
- ⅓ żółtej papryki
- ½ cebuli
- 4–5 pieczarek
- 2 łyżki posiekanego szczypiorku
- 2–3 jajka
- 1 łyżka masła klarowanego
- pieprz czarny
- sól morska
- garść ulubionych kiełków

SPOSÓB PRZYGOTOWANIA

Umyłam dokładnie warzywa, paprykę z pieczarkami i cebulą pokroiłam w kostkę. Na patelni rozpuściłam masło, wrzuciłam warzywa i dusiłam kilka minut, po czym wbiłam jajka i dodałam przyprawy. Gotową jajecznicę przełożyłam na talerz, posypałam drobno posiekanym szczypiorkiem i kiełkami.

Proponuję przed takim śniadaniem wypić krwisty sok z buraka – samo zdrowie!

UPY

sweet baby

KRUPNIK
Z KASZY JAGLANEJ NA BULIONIE

PORCJA – 198 KCAL

SKŁADNIKI NA 4 PORCJE

- 2 l rosołu
- włoszczyzna: 4 marchewki, kawałek selera, 2 pietruszki, 1 por
- 3 średniej wielkości ziemniaki
- 100 g kaszy jaglanej
- 5 ziaren ziela angielskiego
- 2 liście laurowe
- 1 łyżeczka majeranku
- 1 łyżeczka pieprzu czarnego
- 1 łyżeczka soli morskiej
- 1 łyżeczka octu jabłkowego

SPOSÓB PRZYGOTOWANIA

Ugotowałam rosół. Wyjęłam mięso i warzywa, zostawiając jedynie bulion. Kilka razy pod bieżącą zimną wodą opłukałam na sicie kaszę jaglaną, aż zaczęła pachnieć, a woda była przezroczysta. Na koniec przelałam ją wrzątkiem. Wrzuciłam kaszę do garnka z wrzątkiem, dodałam odrobinę oleju, by nie przywierała do dna, i gotowałam ok. 15 minut, nie mieszając, by nie powstała jednolita masa. Zdjęłam z ognia i zostawiłam pod przykryciem na kolejne 5 minut. Ugotowaną kaszę jaglaną dodałam do zupy i doprawiłam, a następnie ugotowałam do miękkości ziemniaki. Pokroiłam wszystkie warzywa w kostkę, ugotowałam je i dodałam do zupy.

KREMOWY BARSZCZ Z KISZONYCH BURAKÓW

PORCJA – 290 KCAL

SKŁADNIKI NA 4 PORCJE

- 1 l bulionu (mięsnego lub warzywnego)
- 500 g buraków
- 200 g buraków kiszonych
- 1 gruszka (lub jabłko)
- 1 marchewka
- 1 duży ziemniak
- 200 ml zakwasu z buraków
- 100 ml gęstego mleczka kokosowego
- pieprz czarny
- sól morska

SPOSÓB PRZYGOTOWANIA

Rozgrzałam piekarnik do 200°C. Buraki dokładnie umyłam, przekroiłam w ćwiartki i piekłam ok. godziny. Do garnka wlałam bulion, dodałam obrany ziemniak, marchewkę i kiszone buraki oraz gruszkę (usunęłam gniazdo nasienne). Gotowałam do miękkości. Upieczone buraki ostudziłam, obrałam i włożyłam do zupy. Wszystko zmiksowałam, dodałam przyprawy i gęste mleczko kokosowe (według smaku i upodobań).

PO PROSTU KREM Z POMIDORÓW!

PORCJA – 430 KCAL

SKŁADNIKI NA 2 PORCJE

- 1 kg słodkich pomidorów, np. malinówek
- 1 łyżka masła klarowanego
- 1 cebula
- 1½ szklanki bulionu
- warzywa z rosołu: kawałek selera, 1 pietruszka, 2 marchewki
- garść pestek dyni lub słonecznika
- majeranek
- sól morska, pieprz czarny
- dodatkowo: ryż basmati

SPOSÓB PRZYGOTOWANIA

Sparzyłam pomidory we wrzątku, obrałam. Na maśle klarowanym na głębokiej patelni zeszkliłam pokrojoną drobno cebulę, dodałam pomidory i bulion, przyprawy i dusiłam ok. 20 minut na średnim ogniu. Następnie wrzuciłam warzywa z rosołu i wszystko zmiksowałam. Na rozgrzanej suchej patelni na dużym ogniu podprażyłam pestki przez ok. 3 minuty, po czym dodałam do zupy.

MAGICZNY ROSÓŁ NA KOŚCIACH

PORCJA – 90–100 KCAL

Łapie Cię przeziębienie? Wzmocnij się! Ten rosół pokrzepi Twój układ odpornościowy i złagodzi bóle stawów. Szybko zauważysz też poprawę nastroju. Tak długo gotowany rosół łatwo przyjmie i przetworzy nawet organizm osłabiony chorobą. Zaczerpnie z niego energię i dużo cennych składników odżywczych, m.in. wapń, fosfor, potas. Długie gotowanie sprawia, że z kości uwalnia się łatwo przyswajalny kolagen.

SPOSÓB PRZYGOTOWANIA (SKŁADNIKI NA 10–12 PORCJI)

Zagotowałam 3 litry wody i do wrzątku dodałam w podanej kolejności (metodą kuchni Pięciu Przemian):

- ½ łyżeczki tymianku
- ½ łyżeczki kurkumy
- ok. 500 g dobrego mięsa z kośćmi (wołowina, cielęcina, dziczyzna, np. królik, świetnie sprawdza się też mięso z bażanta, ale to dodajemy po pietruszce)
- ½ łyżeczki kminku

Wszystko gotowałam 1,5 godziny, po czym dodałam po kolei:

- 3 średnie marchewki
- 1 pietruszkę

A po minucie:

- 1 dużą cebulę
- 1 łodygę selera naciowego
- 2–3 ząbki czosnku
- ½ łyżeczki mielonego imbiru
- szczyptę pieprzu czarnego
- 2–3 liście laurowe
- 4 ziarenka ziela angielskiego

Po kolejnej minucie:

- sól morską (do smaku)

I po kolejnej:

- 3 łyżki octu jabłkowego niepasteryzowanego
- ½ kurczaka, koguta lub perliczki

Gotowałam na małym ogniu jeszcze przez min. 1,5 godziny. Wyjęłam mięso i warzywa. Dobrze smakuje z kaszą jaglaną gotowaną na wodzie oraz warzywami z rosołu. Mięso z rosołu idealnie nadaje się na potrawkę.

BURACZANY ROSÓŁ

PORCJA – 120 KCAL

SPOSÓB PRZYGOTOWANIA (SKŁADNIKI NA 10 PORCJI)

Zagotowałam 3 litry wody i do wrzątku dodawałam w podanej kolejności (co minutę) poniższe składniki:

- ½ łyżeczki tymianku
- ¼ łyżeczki kurkumy
- ok. 500 g dobrego mięsa z kośćmi (wołowina, cielęcina, dziczyzna, drób)
- 3 łyżki niepasteryzowanego octu jabłkowego
- ½ łyżeczki kminku

Gotowałam wszystko 1,5 godziny, po czym dodałam:

- ok. 1½ kg buraków
- 3 średnie marchewki
- 1 pietruszkę
- 1 dużą cebulę
- 1 por
- 3 ziemniaki
- 1 łodygę selera naciowego
- 2 ząbki czosnku
- ½ łyżeczki imbiru
- szczyptę pieprzu czarnego
- 1 listek laurowy
- 4 ziarna ziela angielskiego
- sól do smaku
- dodatkowo: 2 łyżeczki gęstego mleczka kokosowego

Gotowałam jeszcze ok. 40–60 minut, aż wszystkie warzywa stały się miękkie. Wyjęłam mięso oraz warzywa. Warzywa pokroiłam w kostkę, włożyłam do miseczek i zalałam bulionem. Jeśli lubisz, dodaj mięso z mleczkiem kokosowym.

CHŁODNIK
Z BOTWINKI Z AWOKADO NA MLEKU KOKOSOWYM

PORCJA – 205 KCAL

SKŁADNIKI NA 4 PORCJE

- kilka młodych buraków z liśćmi
- 1 pęczek młodej botwiny
- 3 małe świeże ogórki
- 1 cukinia
- 1 ząbek czosnku
- 5 rzodkiewek
- 1 puszka mleczka kokosowego
- ½ dużego pęczka cienkiego szczypiorku
- 2 pęczki świeżego koperku
- sok z ½ cytryny
- 1 awokado
- garść mięty
- 1 l wody lub delikatnego bulionu warzywnego
- sól, pieprz

SPOSÓB PRZYGOTOWANIA

Mleczko kokosowe wstawiłam do lodówki, by zgęstniało. Warzywa umyłam, buraczkom odcięłam końcówki, cukinię obrałam. Pokroiłam warzywa (oprócz ogórków i rzodkiewek) i botwinkę, a następnie zalałam wrzącym bulionem domowej roboty i delikatnie posoliłam. Gotowałam kilka minut na średnim ogniu. Dodałam liście i posiekany czosnek i jeszcze chwilę gotowałam. Odstawiłam do ostygnięcia. Pokroiłam umyte rzodkiewki, ogórki i dodałam do zupy. Posiekałam koperek, miętę i szczypiorek, po czym dorzuciłam do garnka. Kiedy zupa była zimna, dolałam mleczko i sok z cytryny, doprawiłam ziołami. Na koniec dorzuciłam awokado pokrojone w kostkę.

yummy!

ZUPA Z PIECZONYCH JABŁEK

PORCJA – 371 KCAL

SKŁADNIKI NA 2 PORCJE

- 5 jabłek (najlepiej odmiany champion)
- 1 por (tylko biała część)
- 1 mała cebula
- 500 ml bulionu warzywnego
- 1 łyżka oleju kokosowego lub masła klarowanego
- 1 liść laurowy
- sól jodowana lub morska
- pieprz czarny

SPOSÓB PRZYGOTOWANIA

Na głębokiej patelni zeszkliłam na oleju kokosowym pokrojone drobno por i cebulę. Dodałam obrane i pokrojone drobno jabłka i dusiłam razem pod przykryciem, dodałam bulion oraz przyprawy, gotowałam ok. 10 minut, po czym wszystko zblendowałam.

ZUPA Z MŁODYCH JARZYN

PORCJA – 780 KCAL

Kalarepa to bogactwo żelaza – dlatego jest szczególnie polecana ciężarnym. Zawiera luteinę, dzięki czemu wzmacnia wzrok, oraz jest źródłem wielu ważnych dla zdrowia witamin i składników mineralnych. Ponadto działa przeciwnowotworowo i bakteriobójczo.

SKŁADNIKI NA 1 PORCJĘ

- 1 młody korzeń pietruszki
- 2 kalarepy
- 2 młode marchewki
- ½ selera
- 1 młoda cukinia
- 3–4 młode ziemniaki
- 1 czerwona cebula
- ½ szklanki zielonego groszku
- ½ pęczka koperku
- szczypta: soli morskiej, pieprzu czarnego
- 5 ziaren ziela angielskiego
- 3 liście laurowe
- 1 szklanka bulionu (opcjonalnie)
- ½ szklanki śmietany roślinnej

SPOSÓB PRZYGOTOWANIA

Warzywa dokładnie umyłam, obrałam i drobno pokroiłam. Wszystkie poza groszkiem wrzuciłam do garnka, zalałam zimną wodą i gotowałam do miękkości ok. 20 minut wraz z przyprawami. Dodałam groszek i gotowałam jeszcze ok. 5 minut. Doprawiłam śmietaną, wymieszałam, a na koniec posypałam drobno poszatkowanym koperkiem.

KREM MARCHEWKOWO--POMIDOROWY Z BAZYLIĄ I ORZECHAMI WŁOSKIMI

PORCJA – 116 KCAL

SKŁADNIKI NA 4 PORCJE

- 1 kg pomidorów
- 5 marchewek
- 1 pietruszka
- 1 cebula
- 1 ząbek czosnku
- 1 łyżka masła klarowanego
- szczypta kurkumy
- sól morska
- bazylia świeża i suszona
- pieprz czarny
- 1,2 szklanki wody niegazowanej
- kilka orzechów włoskich

SPOSÓB PRZYGOTOWANIA

Pomidory sparzyłam wrzątkiem. Obrałam i umyłam warzywa. Na głębokiej patelni rozgrzałam masło klarowane, dodałam cebulę, bardzo drobno pokrojony czosnek i podsmażałam ok. 3 minut, po czym wrzuciłam resztę warzyw pokrojonych w kostkę, dolałam wody, przyprawiłam i dusiłam do miękkości. Pod koniec gotowania dodałam świeżą bazylię. Wszystko zblendowałam. Udekorowałam świeżymi listkami bazylii i posypałam pieprzem. Na wierzchu ułożyłam kilka orzechów włoskich.

WARZYWA NA CIEPŁO

PASZTET WARZYWNY ZE SŁODKICH ZIEMNIAKÓW

PORCJA – 158 KCAL

SKŁADNIKI NA 6 PORCJI

- 1 seler wielkości pięści
- 300 g batatów
- ½ szklanki suchej kaszy jaglanej
- 3 łyżki siemienia lnianego
- 1 ząbek czosnku
- 1 cebula
- 1 pomidor
- 3 łyżki oliwy z oliwek
- 5 łyżek pestek słonecznika
- kilka suszonych pomidorów
- przyprawy: sól morska, pieprz czarny, majeranek, bazylia, ziarna kopru włoskiego, ziele angielskie

SPOSÓB PRZYGOTOWANIA

Ugotowałam warzywa i kaszę jaglaną, połączyłam i zblendowałam, dodałam pozostałe przyprawy. Wymieszałam z pestkami i kawałkami suszonych pomidorów. Przełożyłam do foremki, a na wierzchu ułożyłam plastry pomidorów. Rozgrzałam piekarnik do 180°C i piekłam ok. 45 minut. Pozostawiłam na chwilę w piekarniku.

CZERWONA KAPUSTA Z DAKTYLAMI NA PRZEKĄSKĘ

PORCJA – 330 KCAL

Czy wiesz, że naukowcy odkryli w kapuście aż 20 różnych flawonoidów i 15 polifenoli? Wszystkie one mają działanie przeciwutleniające. Najzasobniejsza w nie jest kapusta czerwona – pół kubka to ok. 30 mg antocyjanów, organicznych związków o działaniu przeciwzapalnym, jak również 4 g błonnika, który skraca pasaż jelitowy pokarmu i zapobiega zaparciom. I to przy zaledwie 44 kcal. Częste spożywanie kapusty w niewielkich ilościach pozwala kontrolować populację Helicobacter pylori, której rozrost prowadzi do zmian zapalnych śluzówki. Jest to zasługa glukozynolanów.

SKŁADNIKI NA 2 PORCJE

- ½ czerwonej kapusty
- 5 daktyli
- 1 czerwona cebula
- olej kokosowy
- szczypta pieprzu czarnego
- szczypta cynamonu
- ocet balsamiczny
- kilka kropel soku z cytryny

SPOSÓB PRZYGOTOWANIA

Kapustę umyłam dokładnie i drobno posiekałam, daktyle sparzyłam, wyjęłam pestki. Kapustę poddusiłam na oleju kokosowym, dodałam przyprawy oraz posiekane daktyle i skropiłam sokiem z cytryny oraz octem balsamicznym. Najlepiej smakuje podawana na ciepło.

ROZGRZEWAJĄCE WARZYWA KORZENIOWE PIECZONE Z SOSEM IMBIROWYM

PORCJA – 385 KCAL

SKŁADNIKI NA 2 PORCJE

- 6 marchewek (jeśli masz dostęp, to 4 pomarańczowe i 2 fioletowe)
- 3 pietruszki
- 2 pasternaki
- opcjonalnie: rzepa

SOS

- ok. 30 g tartego imbiru
- 1 łyżeczka pieprzu czarnego
- 5–6 łyżek oliwy z oliwek
- 3 ząbki czosnku
- 1 łyżeczka tymianku
- 1 łyżeczka oregano
- sok z 1 pomarańczy
- sól morska

SPOSÓB PRZYGOTOWANIA

Przygotowałam sos, mieszając w szklance wszystkie składniki. Rozgrzałam piekarnik do 180°C, obrałam warzywa i pokroiłam w paski. Rozłożyłam je na papierze do pieczenia, skropiłam sosem. Piekłam ok. 25 minut.

Dodatkowo pokroiłam w łódeczki ziemniaki, skropiłam je oliwą z oliwek, przyprawiłam i zapiekłam na osobnej półce w piekarniku.

GOTOWANA BRUKSELKA
Z FIGĄ I GRANATEM

PORCJA – 308 KCAL

Figi to nie tylko słodki smak. Dzięki bogactwu wapnia wspomagają budowę kości, zawarty w nich potas reguluje ciśnienie krwi, a magnez pomaga zwalczyć stres. Dodatkową zaletą jest wsparcie pracy jelit i układu hormonalnego.

SKŁADNIKI NA 4 PORCJE

- ok. 25 brukselek
- ½ granatu
- 5 fig
- 2 łyżki białego sezamu
- 2 łyżki pestek dyni
- 2 łyżki oliwy z oliwek
- 1 łyżka balsamico
- majeranek
- sól morska
- pieprz czarny

SPOSÓB PRZYGOTOWANIA

Brukselkę ugotowałam na parze (dzięki temu nie traci ona cennych składników, choćby w postaci mirozynazy, enzymu, który ulega zniszczeniu w wysokiej temperaturze. Natomiast niedogotowana brukselka hamuje wchłanianie jodu! To ważna informacja dla Ciebie, przyszła mamo). W międzyczasie na patelni prażyłam krótko sezam. Kiedy brukselka była gotowa, przez ok. 15 minut namoczyłam figi w gorącej wodzie, wymieszałam wszystkie składniki i posypałam sezamem.

PLACKI
Z KALAFIORA

PORCJA – 665 KCAL

SKŁADNIKI NA 2 PORCJE

- 1 główka kalafiora (ok. 400 g)
- 1 marchewka
- 3 jajka
- 4 łyżki mąki kokosowej
- ½ cebuli
- 1 łyżeczka soli morskiej lub jodowanej
- 2 szczypty pieprzu czarnego
- 4 łyżeczki masła klarowanego lub oleju kokosowego do smażenia
- opcjonalnie: koperek

SPOSÓB PRZYGOTOWANIA

Kalafior dokładnie umyłam i starłam na tarce wraz z obraną marchewką. Cebulę obrałam i drobno poszatkowałam, dodałam do kalafiora, wymieszałam z resztą składników i odstawiłam na 5–10 minut. Na patelni rozgrzałam masło klarowane i nakładałam chochelką po dwa placki średniej wielkości. Smażyłam ok. 4–5 minut z każdej strony. Najlepiej smakują z masłem czosnkowym.

ENERGETYCZNE ŚNIADANIE Z MUSU Z DYNI Z MASŁEM ORZECHOWYM I OWOCAMI LEŚNYMI

PORCJA – 330 KCAL

Polecam niedoceniane **owoce leśne** nie tylko ze względu na niższą zawartość szkodliwych substancji i sztucznych nawozów oraz znikomej ilości kalorii, ale dlatego że zawierają bardzo dużo witamin, m.in. A, C, E i liczne z grupy B, a także składniki mineralne: fosfor, sód, żelazo, siarkę, wapń i potas.

SKŁADNIKI NA 2 PORCJE

- 500 g purée z dyni
- 3 łyżki masła migdałowego
- 1 łyżeczka cynamonu
- 2 łyżeczki masła klarowanego
- 1 garść jagód, borówek amerykańskich lub jeżyn
- 1 tarte jabłko
- 3 łyżki prażonych pestek słonecznika

SPOSÓB PRZYGOTOWANIA

Dynię obrałam i pokroiłam w kostkę, gotowałam do miękkości i jeszcze ciepłą zblendowałam na purée. Dodałam do niego cynamon i masło klarowane. Przełożyłam mus do miseczki i starłam na wierzch jabłko, dodałam owoce leśne i masło migdałowe. Pestki słonecznika przyprażyłam chwilkę na mocno rozgrzanej suchej patelni i posypałam gotowy mus. Najbardziej lubię go na ciepło.

fit mom

MAKARON Z CUKINII

PORCJA – 472 KCAL

SKŁADNIKI NA 1 PORCJĘ

- 3 średniej wielkości surowe cukinie
- 2 szklanki świeżych listków bazylii
- 1 ząbek czosnku
- ⅓ szklanki oliwy lub oleju kokosowego
- 2 łyżeczki świeżo wyciśniętego soku z cytryny lub limonki
- 3 cm imbiru
- sól morska do smaku
- pieprz czarny
- 10 pomidorków koktajlowych

SPOSÓB PRZYGOTOWANIA

Umyłam dokładnie cukinię, odcięłam końcówki i za pomocą mandoliny pokroiłam cienko na makaron. Do osobnego wysokiego naczynia wycisnęłam przez praskę czosnek, dodałam bardzo drobno posiekaną bazylię. Zmiksowałam czosnek z bazylią, startym imbirem i tłuszczem. Dodałam sok z cytryny i przyprawy, po czym wymieszałam. Połączyłam pesto z makaronem z cukinii, pokroiłam pomidorki na pół i dodałam do całości.

RADA: Makaron możesz poddusić na patelni i podać na ciepło.

WARZYWNY CHLEB

PORCJA – 83 KCAL

Babka płesznik, regulując poziom cukru we krwi, chroni przed cukrzycą ciążową, ponadto wspomaga pracę jelit i jest sprzymierzeńcem w walce z zaparciami. Jest także dodatkowym wsparciem przy problemach skórnych.

SKŁADNIKI NA 16 KROMEK

- 1 szklanka mąki kokosowej
- ½ szklanki pestek dyni
- ½ szklanki pestek słonecznika
- 2 łyżki babki płesznik lub błonnika witalnego
- 1 duża cukinia
- 2 łyżki siemienia lnianego
- 1 duża marchewka
- 1 szklanka dyni lub batatów
- 4 jajka
- ¼ filiżanki oleju kokosowego
- 1 łyżka suszonej papryki
- 2 łyżeczki kminku
- 2 łyżeczki proszku do pieczenia
- 2 łyżeczki soli himalajskiej, morskiej lub jodowanej
- do posypania: dowolne nasiona

SPOSÓB PRZYGOTOWANIA

Rozgrzałam piekarnik do 170°C. Połączyłam w misce suche składniki. Warzywa dokładnie umyłam, starłam na tarce: cukinię ze skórką – na średnich oczkach, obraną marchew i obraną dynię. Do osobnej miski dodałam jajka, olej kokosowy, starte warzywa i wszystko wymieszałam. Połączyłam z resztą składników i ponownie dobrze wymieszałam. Przelałam ciasto do prostokątnej foremki (ok. 25×10 cm). Piekłam ok. 60–70 minut. Następnie wyłączyłam piekarnik, chleb pozostawiłam w środku do wystygnięcia.

KASZE, NALEŚNIKI, PŁATKI

PŁATKI OWSIANE W WERSJI WYTRAWNEJ Z BURAKAMI

PORCJA – 790 KCAL

Płatki owsiane polecam przede wszystkim ze względu na bogactwo białka, aminokwasów, witamin z grupy B, selenu i magnezu – one na pewno poradzą sobie z uczuciem zmęczenia i rozdrażnienia oraz poprawią Ci nastrój i koncentrację. Zawartość witaminy E spowalnia procesy starzenia, a błonnik pomaga obniżyć poziom cholesterolu. Moim zdaniem najlepsze są płatki bezglutenowe.

SKŁADNIKI NA 1 PORCJĘ

- 80 g płatków owsianych bezglutenowych
- 2 ugotowane buraki
- 1 jabłko
- garść pestek słonecznika
- szczypta soli morskiej
- szczypta pieprzu czarnego
- 1 łyżka oleju lnianego
- opcjonalnie: garść żurawiny (sparzonej wrzątkiem)

SPOSÓB PRZYGOTOWANIA

Płatki w garnuszku zalałam wodą i ugotowałam, po czym dodałam pokrojone w kostkę buraki, starte jabłko oraz pestki słonecznika, żurawinę i przyprawy i gotowałam przez chwilę. Przed zjedzeniem wymieszałam z olejem lnianym.

PLACUSZKI Z KASZY GRYCZANEJ

PORCJA – 450 KCAL

Gryka to źródło białka i aminokwasów egzogennych, które obniżają poziom cholesterolu. Dodatkowo zawiera potrzebne nam nienasycone kwasy tłuszczowe, węglowodany i błonnik pokarmowy. To także bogactwo witamin z grupy B oraz wielu minerałów: manganu, fosforu, magnezu, miedzi i cynku.

SKŁADNIKI NA 1 PORCJĘ

- ½ szklanki ugotowanej kaszy gryczanej
- 1 łyżka masła klarowanego lub oleju kokosowego
- szczypta: kurkumy, soli morskiej, pieprzu czarnego, cynamonu, imbiru, bazylii
- ½ pęczka świeżej natki pietruszki
- 2 garści szpinaku baby
- dodatkowo: dowolne owoce leśne

SPOSÓB PRZYGOTOWANIA

Ugotowałam kaszę gryczaną i pozostawiłam pod przykryciem do wystygnięcia. Dodałam przyprawy i tłuszcz oraz natkę, zblendowałam wszystko do uzyskania gładkiej konsystencji. Smażyłam na suchej patelni z każdej strony po kilka minut. Zblendowałam owoce leśne i polałam nimi gotowe placuszki.

BAKŁAŻAN FASZEROWANY KOMOSĄ RYŻOWĄ I POREM Z ORZESZKAMI PINII

PORCJA – 740 KCAL

SKŁADNIKI NA 2 PORCJE

- 2 bakłażany
- 2 marchewki
- 1 por
- 1 ząbek czosnku
- ½ szklanki surowej komosy ryżowej
- garść orzeszków pinii (lub pestek dyni)
- 1 łyżka oleju kokosowego
- ½ pęczka koperku
- sól morska
- pieprz czarny
- majeranek
- 1 cytryna

SPOSÓB PRZYGOTOWANIA

Bakłażany dokładnie umyłam, osuszyłam ręcznikiem, przekroiłam wzdłuż i wydrążyłam środek. Ugotowałam komosę ryżową w lekko posolonej wodzie. Starłam na tarce na małych oczkach marchewkę. Pokroiłam por na talarki. W miseczce wymieszałam wszystkie składniki wypełnienia: środek bakłażana, marchewkę, komosę, por, drobno posiekany koperek i olej kokosowy. Wypełniłam bakłażan farszem i piekłam ok. 25 minut w 200°C.

love

ŚNIADANIOWY BUDYŃ RYŻOWO-KOKOSOWY

PORCJA – 460 KCAL

Najlepiej by było w ogóle nie słodzić, ale jeżeli trudno Ci zrezygnować z cukru, to polecam jego zdrowsze zamienniki. Cukier kokosowy to produkt prawie w 100% naturalny i bogaty w ważne dla zdrowia pierwiastki, takie jak potas, cynk, magnez, żelazo oraz witaminy z grupy B, C i niektóre aminokwasy. Równie często rezygnujemy z cukru białego na rzecz ksylitolu, który ma znacznie niższy indeks glikemiczny, jednak jest produktem wysoko przetworzonym, więc lepiej używać go z rozsądkiem.

SKŁADNIKI NA 1 PORCJĘ

- 50 g ryżu basmati
- 100 ml mleczka kokosowego
- 1 szklanka truskawek (lub dowolnych owoców leśnych; zostawić część do ozdobienia)
- 1 łyżka ksylitolu lub cukru kokosowego
- 1 łyżka oleju kokosowego
- 1 łyżka kakao 80%

SPOSÓB PRZYGOTOWANIA

Ryż ugotowałam na mleku kokosowym, dolałam wody, gdy ryż wchłonął już mleko. Następnie dodałam wszystkie składniki poza kakao i zblendowałam. Przełożyłam do miseczki, przyozdobiłam truskawkami i posypałam kakao.

NALEŚNIKI GRYCZANE Z BURAKAMI I AWOKADO

2 PORCJE – 654 KCAL

SKŁADNIKI NA 2 PORCJE

- 120 g zmielonej kaszy gryczanej lub mąki gryczanej
- 300 ml mleka roślinnego lub 150 ml mleka roślinnego + 150 ml wody
- 2 jajka (można zastąpić 1 łyżką zmielonego siemienia lnianego wymieszanego z 3 łyżkami letniej wody)
- szczypta soli morskiej
- szczypta cynamonu
- 1 łyżka kakao 80%
- olej kokosowy (do smażenia)
- 1 ugotowany burak
- 1 awokado
- garść rukoli
- orzechy włoskie

DRESSING

PORCJA – 150 KCAL

- 3 łyżki oliwy z oliwek
- sok z ½ cytryny
- szczypta soli morskiej
- pieprz
- 1 łyżka musztardy francuskiej
- 1 łyżka syropu klonowego

SPOSÓB PRZYGOTOWANIA

Wszystkie składniki na ciasto zmiksowałam w blenderze. Na patelni rozgrzałam olej kokosowy i wylałam ciasto. Po kilku minutach obróciłam naleśnik. Przygotowałam dressing, mieszając wszystkie produkty. Na naleśniku rozłożyłam kawałki pokrojonego w kostkę buraka, awokado, rukolę, polałam dressingiem i posypałam orzechami włoskimi.

BEZGLUTENOWY CHLEB Z KOMOSY RYŻOWEJ

PORCJA – 93 KCAL

Komosa ryżowa zwana quinoa należy do grupy pseudozbóż i nie zawiera glutenu. Jest to jedna z najbardziej wysokobiałkowych roślin, zawiera osiem aminokwasów egzogennych i witaminy z grupy B oraz witaminę E. Dodatkowo ma niski indeks glikemiczny i jest bogata w minerały takie jak magnez, fosfor, wapń, mangan, potas, miedź, cynk i żelazo.

Drogie przyszłe mamy – chyba nie muszę już Was do niej przekonywać.

SKŁADNIKI NA 16 KROMEK

- 1 szklanka bezglutenowych płatków owsianych
- 2 łyżki sezamu
- 350 g ugotowanej komosy ryżowej
- ½ łyżeczki soli morskiej
- 1 łyżeczka proszku do pieczenia
- 2 łyżki błonnika witalnego
- ½ szklanki orzechów włoskich
- 3 jajka
- garść pestek do posypania

SPOSÓB PRZYGOTOWANIA

Rozgrzałam piekarnik do 180°C. Ugotowałam komosę ryżową w garnku z wodą w proporcji 2:1, następnie wystudziłam ją i wrzuciłam do kielicha blendera wraz z płatkami, jajkami i resztą produktów – poza orzechami włoskimi. Na koniec dorzuciłam rozdrobnione orzechy i wymieszałam. Masę na chleb włożyłam do natłuszczonej podłużnej foremki, posypałam pestkami i piekłam ok. 40 minut, po czym pozostawiłam do wystygnięcia w piekarniku.

by ann :)

CHLEB ŻYTNI NA ZAKWASIE ŻYTNIM Z KMINKIEM

PORCJA – 110 KCAL

SKŁADNIKI NA 16 KROMEK

- 500 g mąki żytniej, np. chlebowej
- 400 ml wody
- 250 g aktywnego zakwasu żytniego
- 1 łyżka soli morskiej
- 40 g kminku
- 50 g pestek słonecznika

SPOSÓB PRZYGOTOWANIA

Wymieszałam wszystkie składniki do momentu otrzymania jednolitej masy. Ciasto na chleb przełożyłam do foremki. Posypałam pestkami słonecznika (można również wsypać je do ciasta). Wilgotną dłonią wyrównałam ciasto. Przykryłam bawełnianą ściereczką i odstawiłam w ciepłe miejsce (temperatura pokojowa) na ok. 3–4 godziny do wyrośnięcia. Rozgrzałam piekarnik do ok. 220°C, włożyłam chleb i piekłam ok. 50 minut. Po wyłączeniu piekarnika pozostawiłam chleb jeszcze przez jakiś czas w środku, następnie wyjęłam go z foremki na bawełnianą ściereczkę (można też położyć na drewnianej desce) i zostawiłam do wystygnięcia.

RADY: Jeśli masa podczas mieszania jest zbyt sucha, dodaj odrobinę przegotowanej wody, jeśli jest zbyt wodnista, dodaj odrobinę mąki i wymieszaj.

Chleby piekę w foremkach o różnym kształcie: prostokątnej, okrągłej lub kwadratowej, ważne jest, aby ciasto wypełniło formę do połowy.

Żyto to krzem, tak więc pierwiastek, który nie tylko zapewni zdrowy i piękny wygląd Twojej skórze, włosom i paznokciom, ale także zadba o układ kostno-stawowy i uchroni Cię przed miażdżycą.

Kminek ma rodowód sięgający epoki kamienia łupanego. Jego nasiona (wysuszona rozłupka) znajdowano w egipskich grobowcach. Dodany do potraw albo żuty po obfitym posiłku wspomaga trawienie – to zasługa kuminoaldehydu, który aktywuje gruczoły ślinowe do produkcji śliny. Drugi ze związków, tymol, stymuluje wydzielanie żółci i enzymów trawiennych, czym przyspiesza trawienie. Olejki te mają też działanie przeciwgrzybicze, przeciwbakteryjne i rozkurczowe, zmniejszają więc wzdęcia u kobiet w ciąży.

SZYBKA PRZEKĄSKA Z PAPIERU RYŻOWEGO I WARZYW

1 SZTUKA – 52 KCAL

SKŁADNIKI (NA 12 ROLLSÓW)

- 12 arkuszy papieru ryżowego
- 1 surowy ogórek
- 1 marchewka
- ½ czerwonej papryki
- ½ żółtej papryki
- ½ zielonej papryki
- garść kiełków fasoli mung
- 1 ugotowany burak (opcjonalnie)
- 1 awokado (opcjonalnie)
- kilka liści sałaty

SPOSÓB PRZYGOTOWANIA

Obrałam warzywa, pokroiłam je w cienkie słupki. Delikatnie obrałam awokado, przecięłam je na pół, usunęłam pestkę, położyłam wierzchnią częścią na talerzu i przekroiłam wzdłuż. Na głęboki talerz wyłożyłam osobno każdy arkusz papieru ryżowego, moczyłam w gorącej wodzie i po chwili ostrożnie przełożyłam na dużą czystą deskę (może być też blat). Na środku każdego arkusza położyłam: słupki marchewki, papryki, ogórka, kiełki, sałatę, kawałek buraka i awokado. Papier bardzo delikatnie zawinęłam, rolując je i zaginając jego boki (jeśli się przerwie, nie należy się przejmować, tylko włożyć rollsa w kolejny arkusz). Rollsy lubię zamaczać w oleju lnianym z cytryną.

RYBY I MIĘSA

PULPECIKI Z ŁOSOSIA NA SPAGHETTI Z WARZYW

PULPET – 94 KCAL

SKŁADNIKI NA 6 PULPECIKÓW

- ok. 200 g filetów z łososia
- garść świeżego szpinaku
- 1 jajko
- ⅓ pęczka szczypiorku
- bazylia, sól i pieprz do smaku
- masło klarowane
- 1 cukinia
- 1 burak
- 1 marchew
- 1 pietruszka
- 2 cm imbiru
- tymianek
- majeranek

SPOSÓB PRZYGOTOWANIA

Filet z łososia umyłam, osuszyłam i pokroiłam w drobną kostkę (można przepuść przez maszynkę). Szpinak opłukałam, osuszyłam i poszatkowałam drobno, a następnie podsmażyłam na patelni, aż liście zwiędły. Do miski wrzuciłam rozdrobnionego łososia, podsmażony szpinak, jajko, pokrojony drobno szczypiorek, bazylię, sól i pieprz i wszystko wymieszałam (by pulpeciki lepiej się kleiły, całość najlepiej zmiksować). Uformowałam kuleczki (można też zrobić płaskie kotleciki), podsmażyłam na patelni z dodatkiem masła klarowanego.

Cukinię, pietruszkę, burak i marchew umyłam i obrałam. Wycięłam obieraczką do warzyw cienkie paski (najlepiej mandoliną). Poddusiłam na patelni ze startym imbirem i odrobiną wody – ok. 5–6 minut na dużym ogniu. Na koniec doprawiłam.

fit mom
be positive!
by ann :)
be healthy!

KOLAGENOWA GALARETKA Z KURCZAKA

PORCJA – 270 KCAL

SKŁADNIKI NA 4 PORCJE

- 1 l rosołu
- mięso z rosołu – bez kości
- ½ marchewki z rosołu
- 1 korzeń pietruszki z rosołu (lub inne dowolne warzywa, np. seler)
- 4 łyżeczki agaru* lub żelatyny ekologicznej
- 1 łyżeczka octu jabłkowego
- ½ szklanki groszku
- opcjonalnie: 1 jajko ugotowane na twardo

SPOSÓB PRZYGOTOWANIA

Warzywa z bulionu pokroiłam na talarki lub trójkąty. Rozdzieliłam mięso, a do osobnego garnka wlałam czysty wywar z rosołu. Dodałam do niego mięso i warzywa wraz z groszkiem. Następnie dorzuciłam agar i mieszałam porządnie widelcem (sprawdzi się też trzepaczka do jajek). Gotowałam ok. 3 minut na średnim ogniu. Przelałam gotowy wywar do salaterek, pokroiłam jajko w plasterki i wyłożyłam je na wierzch. Odstawiłam do lodówki na ok. 4–5 godzin.

*__Agar__ – substancja żelująca, której głównym składnikiem jest trudno przyswajalny przez człowieka cukier galaktoza. Agar to tak zwana „morska żelatyna" – idealna dla wegan i wegetarian. Ma właściwości regulujące pracę jelit, dzięki czemu ułatwia wypróżnienie. Niestety nie jest źródłem żadnych wartościowych składników mineralnych.

HALIBUT NA PARZE Z TRZEMA PASTAMI

PORCJA – 320 KCAL

SKŁADNIKI NA 2 PORCJE

- 150 g filetów z halibuta
- 100 g zielonego groszku
- 100 g brokułu
- 150 g pasternaku
- 150 g marchewki
- 2 łyżki oleju kokosowego
- 1 cytryna
- sól morska
- pieprz czarny
- 50 ml mleczka kokosowego
- 1 łyżeczka sezamu

SPOSÓB PRZYGOTOWANIA

Rybę umyłam, doprawiłam solą i pieprzem i ugotowałam na parze. W tym czasie obrałam warzywa i pokroiłam je na mniejsze kawałki, po czym również uparowałam (można też ugotować w garnku). Kiedy wszystkie warzywa były miękkie, oddzieliłam je kolorami. Do pierwszego pojemnika włożyłam groszek i brokuły i zblendowałam z łyżką oleju kokosowego, solą i pieprzem. W drugim pojemniku zblendowałam pasternak, mleczko kokosowe, sól i pieprz. W trzecim zblendowałam marchewkę, sezam i łyżeczkę oleju kokosowego. Na talerzu ułożyłam filet z ryby oraz trzy rodzaje purée, obok pokroiłam plasterki cytryny.

PIECZONY FILET Z OKONIA NA SZPINAKU

PORCJA – 385 KCAL

SKŁADNIKI NA 2 PORCJE

- 250 g świeżego szpinaku
- 150 g filetów z okonia
- 1 pęczek koperku
- ½ awokado
- 3 łyżki orzeszków pinii
- 4 łyżki masła klarowanego
- 2 ząbki czosnku
- kilka kropel soku z cytryny
- kilka kropel oliwy z oliwek
- sól morska

SPOSÓB PRZYGOTOWANIA

Masło wymieszałam z posiekanym koperkiem, solą morską i wyciśniętym przez praskę czosnkiem. Rybę dokładnie umyłam, nasmarowałam masłem, włożyłam do papieru do pieczenia i piekłam ok. 20 minut w piekarniku nagrzanym do 180°C. W tym czasie zblanszowałam szpinak przez 5 minut, po czym przeniosłam go do miseczki, dodałam orzeszki z pinii i przyprawiłam solą oraz pieprzem. Gotową rybę wyjęłam z piekarnika. Na talerzu ułożyłam blanszowany szpinak z orzeszkami oraz pokrojone w kostkę awokado. Skropiłam odrobiną soku z cytryny i oliwą z oliwek. Rybę położyłam na szpinaku i awokado.

CZYM JEST BLANSZOWANIE?

To zanurzenie produktu we wrzącej wodzie na kilka sekund lub minut, a następnie zahartowanie go w lodzie lub bardzo zimnej wodzie. Dzięki takiej obróbce warzywa i owoce zachowują cenne witaminy i minerały, a pozbywają się szkodliwych dla nas substancji. Blanszowanie pozwala też zachować kolor i przedłuża trwałość produktów, dlatego warto blanszować je przed zamrożeniem.

ŁOSOŚ Z BROKUŁOWYM „RYŻEM"

PORCJA – 450 KCAL

SKŁADNIKI NA 4 PORCJE

- 2 filety z łososia (każdy po ok. 250 g)
- 300–400 g brokułu
- 1 cebula
- 1 ząbek czosnku
- 2 łyżki oliwy z oliwek
- szczypta soli morskiej
- szczypta pieprzu czarnego
- szczypta bazylii
- szczypiorek
- kilka kropel soku z cytryny
- garść pestek słonecznika

SPOSÓB PRZYGOTOWANIA

Brokuły bardzo dokładnie umyłam i drobno poszatkowałam (można też rozdrobnić w malakserze), cebulę drobno posiekałam, a czosnek wycisnęłam przez praskę. Na patelni rozgrzałam oliwę i wrzuciłam czosnek z cebulą, lekko zeszkliłam, dodałam brokuły wraz z przyprawami i smażyłam ok. 5–6 minut. Łososia doprawiłam i gotowałam na parze ok. 20 minut, po czym porwałam go na kawałki i dodałam do brokułowego „ryżu". Szczypiorek drobno posiekałam, pestki słonecznika podprażyłam na suchej patelni ok. 5 minut i posypałam nimi danie.

KLOPSIKI WOŁOWE Z PIEKARNIKA

PORCJA – 465 KCAL

SKŁADNIKI NA 2 PORCJE

- 500 g mielonego mięsa wołowego
- 1 cebula
- 5 cm imbiru
- 1 jajko
- 1 łyżka oleju kokosowego
- opcjonalnie: 1 szklanka bulionu z kości
- sól morska
- pieprz czarny
- oliwa z oliwek
- ocet balsamiczny
- liście sałaty

SPOSÓB PRZYGOTOWANIA

Mięso mielone wymieszałam z jajkiem i przyprawami. Na patelni rozgrzałam olej i krótko zeszkliłam drobno posiekaną cebulę i starty imbir, dodałam do mięsa i wszystko wymieszałam. Uformowałam małe kulki i podsmażyłam krótko z każdej strony na patelni. Rozgrzałam piekarnik do 180°C i piekłam w naczyniu żaroodpornym ok. 20 minut, podlewając co jakiś czas odrobiną bulionu. Podałam z sałatą i dressingiem z oliwy z oliwek i octu balsamicznego.

MIĘSNE SPAGHETTI Z MAKARONEM Z CUKINII

PORCJA – 280 KCAL

SKŁADNIKI NA 4 PORCJE

- 500 g mielonego mięsa wołowego
- 10 pomidorów
- 2 marchewki
- 1 szklanka kukurydzy
- 1 duża cebula
- 2 ząbki czosnku
- 2 łyżki masła klarowanego lub oleju kokosowego
- 1 łyżka przecieru pomidorowego
- 2 liście laurowe
- 250 ml bulionu
- sól morska i czarny pieprz do smaku
- 3 cukinie

SPOSÓB PRZYGOTOWANIA

Na dużej głębokiej patelni rozgrzałam masło klarowane i zeszkliłam drobno pokrojoną cebulę, czosnek i przyprawy. Następnie dodałam mięso mielone, zwiększyłam ogień i mieszałam drewnianą łopatką. Po kilku minutach wlałam bulion, przecier pomidorowy i pokrojone w kostkę pomidory. Dusiłam na małym ogniu pod przykryciem ok. 45 minut, mieszając co jakiś czas. Na koniec dodałam startą marchewkę i kukurydzę i gotowałam jeszcze 5 minut. W tym czasie umyłam dokładnie cukinię, odcięłam końcówki i za pomocą mandoliny pokroiłam ją cienko na makaron. Makaron z cukinii wrzuciłam na rozgrzaną patelnię z odrobiną wody i podgrzałam na dużym ogniu. Na głęboki talerz przełożyłam cukinię, a następnie polałam mięsnym sosem.

PIECZONA RYBA W SEZAMIE Z MUSEM Z BURAKÓW I PIECZONYMI BATATAMI

PORCJA – 654 KCAL

SKŁADNIKI NA 2 PORCJE

- 2 filety z dowolnej ryby (ok. 400 g)
- 4–5 łyżek sezamu
- 1 jajko
- ok. 5 cm imbiru
- przyprawy: sól morska, pieprz czarny, bazylia
- 5 łyżek oliwy z oliwek (1 łyżka do batatów)
- kilka kropel cytryny
- 2 ugotowane buraki
- 2 łyżki śmietanki roślinnej, np. kokosowej, lub gęste mleczko kokosowe
- szczypta cynamonu
- 200 g batatów

SPOSÓB PRZYGOTOWANIA

Do miseczki wlałam oliwę z oliwek, sok z cytryny, starty imbir, sól i pierz. Umyłam dokładnie filety rybne, dodałam do przygotowanej marynaty i wstawiłam do lodówki na ok. 30 minut. W tym czasie obrałam bataty, pokroiłam na podłużne paski, wrzuciłam na blaszkę wyłożoną papierem do pieczenia, skropiłam oliwą z oliwek i posypałam solą, pieprzem i bazylią. Roztrzepałam w miseczce jajko i obtoczyłam w nim rybę, a na osobnym talerzyku w sezamie, po czym ryby i bataty wstawiłam do piekarnika nagrzanego do 180°C i piekłam ok. 15–20 minut. W tym czasie zblendowałam buraki z odrobiną oliwy, soli, pieprzu i śmietanki kokosowej. Rybę podałam na musie z buraków z pieczonymi słodkimi ziemniakami.

LEKKIE MIĘSNE GOŁĄBKI NA PARZE

GOŁĄBEK – 90 KCAL

SKŁADNIKI NA 10 GOŁĄBKÓW

- ok. 10 liści białej kapusty
- 300–350 g mielonego mięsa z indyka
- ½ szklanki pomidorów z puszki lub 4 duże pomidory
- 1 jajko
- 1 marchewka
- 2–3 ząbki czosnku
- ½ cebuli
- garść posiekanego koperku
- sól morska
- pieprz czarny

SPOSÓB PRZYGOTOWANIA

Kapustę dokładnie umyłam i osuszyłam, usunęłam zgrubiałe części, liście włożyłam do parowaru (dobry będzie też garnek do gotowania na parze) i gotowałam pod przykryciem ok. 5–7 minut. W tym czasie mięso umyłam i przepuściłam przez maszynkę, dodałam przeciśnięty przez praskę czosnek, posiekaną cebulę, startą na średnich oczkach marchewkę, jajko i przyprawy. Na każdym liściu ułożyłam farsz mięsny i bardzo dokładnie zawinęłam. Gotowałam w parowarze ok. 30 minut. W garnuszku podgrzałam pomidory, dodałam sól, pieprz oraz drobno posiekany czosnek i poddusiłam, po czym dodałam koperek. Sosem polałam gotowe gołąbki.

ROLADKI Z KURCZAKA Z FARSZEM ZE SZPINAKU

PORCJA – 250 KCAL

SKŁADNIKI NA 4 PORCJE

- 4 filety z kurczaka (każdy po 200 g)
- 150 g świeżego szpinaku
- 150 g kurek
- ½ czerwonej cebuli
- bazylia
- sól ziołowa
- pieprz czarny
- 1 łyżka oleju kokosowego lub masła klarowanego

SPOSÓB PRZYGOTOWANIA

Mięso dokładnie umyłam, następnie rozłożyłam na płasko i roztłukłam. Posoliłam z obu stron solą ziołową. Pokroiłam drobno cebulę i kurki, następnie poddusiłam je na oleju kokosowym. Dodałam soli morskiej i pieprzu czarnego.

W osobnym garnuszku zblanszowałam szpinak, po czym dodałam go do cebuli i kurek. Całość wymieszałam. W międzyczasie rozgrzałam piekarnik do 180°C. Na roztłuczone filety wyłożyłam farsz i je zrolowałam. By się nie rozpadły, powbijałam wykałaczki. Ułożyłam roladki na papierze do pieczenia i piekłam ok. 25–30 minut. Wyjęłam z piekarnika i pokroiłam ostrożnie w paski, a na koniec wyjęłam wykałaczki.

RADA: Najlepiej podawać z warzywami lub sałatką, np.: papryką, pomidorem, awokado, czerwoną cebulą.

SAŁATKI

TARTA MARCHEWKA Z JAGODAMI LUB BORÓWKAMI I OLEJEM LNIANYM

PORCJA – 210 KCAL

Olej lniany tłoczy się na zimno z nasion lnu. Jest zamiennikiem tłuszczów rybnych ze względu na zanieczyszczenie ryb rtęcią. Jednym z głównych składników oleju jest niezbędny kwas α-linolenowy (zwany też ALA), którego nasze organizmy nie produkują. Olej lniany zawiera 45–65% ALA (reszta to kwasy omega-6). Organizm wykorzystuje ten kwas do syntezy DHA i EPA.

Włączenie oleju lnianego do diety w czasie ciąży ma dobroczynny wpływ na rozwój mózgu u płodu. Według The Franklin Institute dzieci, które nie otrzymują wystarczającej ilości tłuszczów omega-3, mogą mieć niską wagę urodzeniową i mały obwód głowy przy urodzeniu. DHA w szczególności jest powiązana z rozwojem mózgu i oka. Jednak są też badania, które wiążą spożycie oleju lnianego z przedwczesnym porodem. Dowiedziono, że znacznie zdrowsze dla kobiet w ciąży jest jedzenie całych lub mielonych ziaren lnu.

SKŁADNIKI NA 1 PORCJĘ

- 2 duże marchewki
- 1,2 szklanki jagód lub innych owoców leśnych
- szczypta kurkumy
- 1 łyżka oleju lnianego lub oleju kokosowego
- cynamon
- 2 łyżki pestek dyni

SPOSÓB PRZYGOTOWANIA

Starłam na tarce marchewki, dodałam przyprawy i delikatnie widelcem rozgniotłam jagody. Wszystko wymieszałam i posypałam pestkami z dyni (polecam je podprażyć).

SAŁATKA ZE SZPINAKIEM DLA ZDROWEJ MAMY!

PORCJA – 555 KCAL

Sałatka bogata w kwas foliowy, tłuszcze nienasycone, witaminy z grupy B. Szpinak, orzechy włoskie i oliwa – najzdrowsza baza sałatkowa.

SKŁADNIKI NA 1 PORCJĘ

- 500 g świeżego szpinaku
- 1 pęczek koperku
- garść orzechów włoskich
- 1 ogórek
- 3 łyżki oliwy z oliwek
- 1 łyżka octu balsamicznego
- pieprz i sól
- biały i czarny sezam do posypania
- 1 granat
- kilka kropel soku z cytryny

SPOSÓB PRZYGOTOWANIA

Warzywa dokładnie umyłam i osuszyłam. Ogórek obrałam i pokroiłam w plasterki, po czym dodałam do szpinaku. Wszystko posypałam posiekanym koperkiem, orzechami i ziarnami granatu. Polałam sosem przygotowanym z oliwy, octu balsamicznego, odrobiny cytryny, doprawiłam solą i pieprzem.

SAŁATKA Z POMARAŃCZĄ I AWOKADO

PORCJA – 543 KCAL

SKŁADNIKI NA 1 PORCJĘ

- 1 awokado
- 1 pomarańcza
- 100 g fasolki szparagowej podgotowanej al dente
- liście sałaty lub szpinaku
- 2 łyżki oliwy
- 2 łyżki octu jabłkowego
- kilka kropel soku z cytryny
- szczypta pieprzu czarnego
- szczypta kurkumy
- dodatkowo: 1–2 łyżki pistacji

SPOSÓB PRZYGOTOWANIA

Pomarańcze obrałam i podzieliłam na cząstki. Awokado pokroiłam w kostkę i skropiłam cytryną. Przełożyłam owoce do miski, dodałam fasolkę i szpinak, doprawiłam wszystko oliwą z przyprawami. Na wierzch dorzuciłam pistacje.

SAŁATKA Z CIECIERZYCĄ

PORCJA – 270 KCAL

Soczewica, groch, fasola, ciecierzyca, soja i orzeszki ziemne, czyli **rośliny strączkowe**, są doskonałym źródłem błonnika, białka, żelaza, kwasu foliowego (B9) i wapnia. Kwas foliowy odgrywa bardzo ważną rolę w czasie ciąży, może bowiem zmniejszyć ryzyko wystąpienia niektórych wad wrodzonych i chorób u płodu.

Jedna filiżanka soczewicy, ciecierzycy lub czarnej fasoli potrafi dostarczyć od 65–90% zalecanego dziennego spożycia kwasu foliowego.

SKŁADNIKI NA 2 PORCJE

- 1 średni ogórek
- 1 dojrzałe awokado
- 400 g ciecierzycy
- 1 łyżka kminku
- garść posiekanych listków bazylii
- sól morska lub jodowana

DRESSING

- sok z ½ cytryny
- 1 łyżeczka octu jabłkowego
- szczypta soli morskiej
- szczypta pieprzu czarnego

SPOSÓB PRZYGOTOWANIA

Opłukałam ciecierzycę pod bieżącą wodą, wsypałam do garnka z kminkiem, zalałam wodą w proporcji 1:2 (ciecierzyca:woda), po czym zostawiłam do namoczenia przez całą noc (min. ok. 12 godzin). Rano do wody, w której moczyła się ciecierzyca, dolałam tyle wody, aby uzyskać proporcję 1:3, i gotowałam pod przykryciem ok. 80–90 minut. Pod koniec gotowania dodałam sól morską.

Wodę odlałam. Awokado i ogórek obrałam i pokroiłam w kostkę. W osobnym naczyniu wymieszałam wszystkie składniki na dressing. Włożyłam do miseczki ciecierzycę, ogórek, awokado, posypałam świeżą bazylią, a na koniec polałam dressingiem.

SAŁATKA NA OBNIŻENIE CIŚNIENIA

PORCJA – 370 KCAL

SKŁADNIKI NA 2 PORCJE

- 2 ugotowane buraki
- 4 łodygi selera naciowego
- 3 jajka
- ½ czerwonej cebuli
- garstka orzechów włoskich
- 2 garści dowolnych zielonych liści (sałata, rukola, szpinak)
- 3 łyżki oliwy z oliwek
- 1 łyżka musztardy dijon
- sól morska i pieprz czarny do smaku

SPOSÓB PRZYGOTOWANIA

Umyłam dokładnie zielone liście i łodygi selera. Jajka sparzyłam wrzątkiem i ugotowałam na twardo. Cebulę pokroiłam w cienkie piórka. W osobnej miseczce wymieszałam oliwę z oliwek, musztardę, sól i pieprz. Na talerzu rozłożyłam zielone liście, cienkie plasterki selera, ugotowane buraki pokrojone w kostkę, cebulę, posypałam orzechami i polałam dressingiem.

SAŁATKA BOGATA W JOD – CZYLI GLONY WAKAME

PORCJA – 120 KCAL

SKŁADNIKI NA 1 PORCJĘ

- 2–3 g suszonych glonów
- 1 marchew
- ½ zielonego ogórka
- 1 łyżka sosu tamari
- 1 łyżka oleju sezamowego
- 2 łyżki sezamu (czarnego i białego)
- ½ łyżeczki cukru kokosowego
- 1 łyżka octu ryżowego
- odrobina tartego imbiru (opcjonalnie)

SPOSÓB PRZYGOTOWANIA

Glony zalałam wrzątkiem i moczyłam ok. 15 minut pod przykryciem. Marchew obrałam i starłam na tarce, ogórek dokładnie umyłam i pokroiłam cienko w półplasterki. Glony wyjęłam z wody i pokroiłam na drobniejsze paski. W szklance wymieszałam sos sojowy, ocet, tarty imbir, cukier kokosowy, po czym podgrzałam w garnuszku. Na suchej patelni uprażyłam sezam. Do miseczki włożyłam wszystkie składniki i polałam sosem.

SAŁATKA Z AMARANTUSEM, BURAKAMI, ORZECHAMI WŁOSKIMI I JABŁKIEM

PORCJA – 415 KCAL

SKŁADNIKI NA 1 PORCJĘ

- 1 gotowany burak
- 1 zielone jabłko
- garść orzechów włoskich
- garść prażonych pestek dyni
- 40 g amarantusa
- kawałek pieczonej dyni
- garść szpinaku lub jarmużu

DRESSING

- 1 łyżka oliwy z oliwek
- sok z ½ cytryny
- 1 łyżeczka syropu klonowego
- 1 ząbek czosnku
- 1 łyżka pasty sezamowej
- szczypta pieprzu czarnego i soli morskiej

SPOSÓB PRZYGOTOWANIA

Amarantus ugotowałam w wodzie. Piekarnik rozgrzałam do 180°C, pokroiłam dynię na mniejsze kawałki, skropiłam oliwą z oliwek i piekłam ok. 15–20 minut, po czym zdjęłam skórkę. Zielone liście umyłam i osuszyłam. Ugotowany burak starłam na tarce, jabłko dokładnie umyłam i pokroiłam. Wszystkie składniki włożyłam do salaterki i wymieszałam, posypując pestkami dyni i orzechami włoskimi. Wymieszałam składniki na dressing i polałam nim warzywa.

Amarantus (inaczej szarłat) to jedna z najstarszych roślin uprawianych na świecie. Obecnie odkryty na nowo i nazywany zbożem XXI wieku. Warto wiedzieć, że nasiona amarantusa pod względem ilości składników odżywczych przewyższają pszenicę.

Amarantus magazynuje w sobie wiele cennych składników mineralnych, m.in. fosfor, żelazo, wapń, potas i magnez. Spora ilość zawartego w nim błonnika blokuje wzrost poziomu cholesterolu oraz oczyszcza przewód pokarmowy. Amarantus jest bogaty również w związki opóźniające starzenie (skwaleny) oraz antyoksydanty. Dzięki dużej zawartości żelaza jest polecany przy leczeniu anemii oraz w diecie ciężarnych. Zjedzenie w ciągu dnia jednego posiłku z dodatkiem amarantusa zaspokaja dzienne zapotrzebowanie organizmu na żelazo.

Buraki są bogate w kwas foliowy – niezbędny dla kobiet w ciąży – który ponadto zapobiega wapnieniu naczyń krwionośnych, wzmacnia odporność, sprzyja dobremu samopoczuciu oraz łagodzi stany depresyjne. Kwas foliowy wykazuje również dobroczynne działanie na matowe włosy, przedwczesną siwiznę i łamliwe paznokcie. Buraki ponadto regulują pracę układu trawiennego, pomagają usuwać toksyny z organizmu, są zasadotwórcze i odkwaszają organizm. Wzmacniają jelita, wspierają pracę nerek oraz wątroby. Sok ze świeżych buraków silnie oczyszcza i wzmacnia krew. Są bogate w potas, wapń, magnez, kobalt, żelazo, mangan, witaminy A, C i B1 oraz błonnik.

DESERY I OWOCE

CYNAMONOWE MUFFINKI
Z KOMOSY RYŻOWEJ NA DRUGIE ŚNIADANIE

SZTUKA – 230 KCAL

SKŁADNIKI NA 8 SZTUK

- 300 g komosy ryżowej
- 2 dojrzałe banany
- 2 łyżki masła klarowanego
- 2 jajka
- 1 łyżeczka sody oczyszczonej
- 1 łyżeczka ekstraktu z wanilii
- 1 łyżeczka cynamonu
- 4 łyżki syropu klonowego lub miodu
- ok. 6–8 łyżeczek złocistego siemienia lnianego
- 60 g suszonej żurawiny (opcjonalnie rodzynki lub inne suszone owoce)

SPOSÓB PRZYGOTOWANIA

Komosę ryżową ugotowałam na półtwardo. Piekarnik rozgrzałam do 180°C. Do miski z komosą dodałam rozgniecione widelcem banany, jajka, masło klarowane, przyprawy oraz siemię lniane i syrop klonowy. Wszystko dokładnie wymieszałam. Żurawinę sparzyłam wrzątkiem i moczyłam ok. 15 minut. Dodałam do reszty masy i wymieszałam. Przełożyłam ciasto do foremek na muffinki i piekłam ok. 30–40 minut. Po upieczeniu zostawiłam do wystygnięcia.

ZDROWY PUDDING CZEKOLADOWY NA CIĄŻOWE ZACHCIANKI

PORCJA – 760 KCAL

Granat to ważny owoc w czasie ciąży. Wpływa na układ sercowo-naczyniowy, obniża ciśnienie krwi, wzmacnia układ odpornościowy, korzystnie wpływa na skórę, jest bogaty w witaminę C i E oraz cynk i miedź.

SKŁADNIKI NA 1 PORCJĘ

- 4 łyżki musu kokosowego lub gęsty krem kokosowy (gęsta część mleczka)
- 1 awokado
- 1 banan
- 2 łyżki gorzkiego kakao 80%
- 100 ml mleka roślinnego, np. kokosowego
- szczypta wanilii
- szczypta cynamonu
- ziarna z ½ granatu do posypania

SPOSÓB PRZYGOTOWANIA

Zblendowałam wszystkie składniki, następnie przełożyłam do szklanych miseczek i wstawiłam do lodówki na ok. godzinę. Po wyjęciu puddingu z lodówki posypałam go ziarnami granatu, aby nadać lekko kwaśny smak.

Happiness is
piece of cake

TARTA
Z OWOCAMI LEŚNYMI BEZ PIECZENIA

PORCJA – 240 KCAL

SKŁADNIKI NA 12 PORCJI

SPÓD

- 200 g wiórków kokosowych
- 8–10 daktyli bez pestek (namoczone we wrzątku ok. 15 minut, najlepiej odmiany medjool)
- 60 g pestek dyni lub mąki z orzechów, np. migdałowej
- 2 łyżki oleju kokosowego

WYPEŁNIENIE

- 250 g owoców leśnych (według uznania: maliny, jagody, jeżyny, truskawki)
- 200 ml wody
- 2 łyżki żelatyny lub agaru
- 2 łyżki płynnego słodziwa, np. syropu klonowego
- jagody lub borówki do posypania

SPOSÓB PRZYGOTOWANIA

W blenderze zmiksowałam wiórki kokosowe, daktyle, pestki dyni i olej kokosowy, po czym uformowałam spód w tortownicy (śr. 22–24 cm) i wstawiłam do lodówki na co najmniej godzinę. W tym czasie rozpuściłam żelatynę w ciepłej wodzie, dodałam owoce leśne i syrop klonowy, zblendowałam, po czym pozostawiłam do wystudzenia. Chłodną galaretkę przelałam na spód ciasta i przyozdobiłam borówkami. Schłodziłam w lodówce przez 1–2 godziny.

LODY KOKOSOWE
Z POLEWĄ Z OWOCÓW LEŚNYCH

PORCJA – 220 KCAL

SKŁADNIKI NA 8 PORCJI

- 400 ml mleka kokosowego o konsystencji kremowej (z lodówki)
- 100 g organicznego cukru kokosowego lub syropu klonowego
- ok. 50 ml (3 łyżki) oleju kokosowego
- ½ łyżeczki ekstraktu z wanilii
- 1 kubek truskawek lub dowolnych owoców leśnych

SPOSÓB PRZYGOTOWANIA

Wszystkie składniki prócz truskawek zmiksowałam blenderem na najwyższych obrotach do uzyskania jednolitej masy (cukier powinien się rozpuścić). Włożyłam masę do pojemnika na lody i wstawiłam do zamrażarki na ok. 4 godziny. Lody wyjmowałam co 30–40 minut, mieszałam, po czym ponownie chowałam do zamrażarki. Truskawki zmiksowałam i polałam nimi lody.

RADA: Jeśli lubisz mocno słodkie lody, możesz dodać do polewy cukier kokosowy lub inny rodzaj słodziwa.

CIASTECZKA Z IMBIREM NA PORANNE MDŁOŚCI

CIASTECZKO – 170 KCAL

Ludzie używali **imbiru** jako środka terapeutycznego od wieków. Daje on mnóstwo korzyści zdrowotnych kobietom w ciąży i ich maluszkom. Imbir pobudza krążenie krwi, a tym samym sprzyja odpowiedniemu ukrwieniu i odżywieniu dziecka. Likwiduje poranne mdłości, zgagę i wzdęcia. Tworzy barierę od infekcji i grypy. Utrzymuje właściwy poziom glukozy we krwi. Poprawia libido, a także zwiększa przyswajanie witaminy C i żelaza, które wspierają układ odpornościowy dziecka w okresie płodowym.

SKŁADNIKI NA 12 CIASTECZEK

- 200 g płatków jaglanych
- 100 g mąki jaglanej
- 1 jajko
- 1 łyżeczka proszku do pieczenia
- 2–3 łyżki cukru kokosowego
- 100 g oleju kokosowego lub masła klarowanego
- 5 cm imbiru
- 1 łyżeczka startej skórki z pomarańczy (opcjonalnie)
- 2 łyżeczki soku z pomarańczy
- 1 łyżeczka cynamonu

SPOSÓB PRZYGOTOWANIA

Wyrobiłam ciasto, zawinęłam je w papier do pieczenia i włożyłam do lodówki na ok. 30 minut. Po tym czasie rozwałkowałam ciasto i wycięłam foremką ciasteczka. Włożyłam do rozgrzanego piekarnika (ważne) i piekłam w 180°C ok. 15 minut.

PRZEPYSZNE CIASTO Z BATATÓW Z POMARAŃCZĄ

PORCJA – 142 KCAL

SKŁADNIKI NA 12 PORCJI

- 800 g batatów
- 200 ml mleka roślinnego (ja dodałam kokosowego i ryżowego)
- 100 g cukru kokosowego
- 40 ml oleju kokosowego
- 3 jajka
- sok z ½ pomarańczy
- 1 łyżeczka cynamonu
- 1 łyżeczka przyprawy korzennej
- 1 łyżeczka sody oczyszczonej
- 50 g rodzynek
- 50 g mąki kokosowej

SPOSÓB PRZYGOTOWANIA

Rozgrzałam piekarnik do 180°C. Obrałam bataty, pokroiłam je na mniejsze kawałki i ugotowałam do miękkości. Odcedziłam i przełożyłam do miski, po czym dodałam resztę składników poza rodzynkami i cynamonem. Miksowałam do uzyskiwania jednolitej masy. Na koniec wrzuciłam rodzynki i wymieszałam je z masą, przelałam całość do dużej foremki, posypałam cynamonem i skropiłam sokiem z pozostałej pomarańczy. Piekłam ok. godziny, sprawdzając patyczkiem, czy ciasto jest gotowe. Po upływie czasu pozostawiłam ciasto jeszcze chwilę w wyłączonym piekarniku. Ciasto możesz polać masą czekoladową. Wystarczy, że roztopisz w kąpieli wodnej tabliczkę czekolady z 2 łyżkami oleju kokosowego.

BUDYŃ
NA ZIMNO

PORCJA – 375 KCAL

SKŁADNIKI NA 2 PORCJE

- 30 g suchej kaszy jaglanej
- 2 szklanki mleka roślinnego
- 1 łyżka cukru kokosowego lub innego słodziwa
- 1 łyżka oleju kokosowego
- ½ szklanki orzechów nerkowca
- ½ szklanki dowolnych owoców, np. leśnych (plus kilka sztuk do ozdobienia)

SPOSÓB PRZYGOTOWANIA

Kaszę ugotowałam na średnim ogniu w mleku kokosowym. Pod koniec gotowania dodałam cukier kokosowy, następnie zdjęłam z ognia, dodałam nerkowce, olej kokosowy i owoce leśne. Wszystko zblendowałam na jednolitą masę i wstawiłam do lodówki na godzinę (najlepiej zostawić na noc). Po tym czasie przełożyłam do szklanego pojemnika i ozdobiłam owocami.

be positive!

KULKI CHAŁWOWE, CZYLI WAPNIOWE KULKI MOCY!

KULKA – 114 KCAL

Sezam to najstarsza roślina oleista. Jest świetnym źródłem wapnia, miedzi, magnezu, fosforu, żelaza, witaminy B1, cynku, molibdenu, selenu i błonnika. Oprócz nich sezam zawiera dwie wyjątkowe substancje: sezaminę i sezamolinę. Obie należą do grupy specjalnych włókien zwanych lignanami. Mają one działanie obniżające poziom cholesterolu, zapobiegają też nadciśnieniu. Sezamina chroni komórki wątroby przed uszkodzeniem oksydacyjnym.

SKŁADNIKI NA 10 KULEK

- ½ szklanki białego sezamu
- ½ szklanki siemienia lnianego (najlepiej złocistego)
- 3 łyżki syropu klonowego
- opcjonalnie: wiórki kokosowe do obtoczenia

SPOSÓB PRZYGOTOWANIA

Sezam przepłukałam na sitku pod bieżącą wodą i osuszyłam ręcznikiem papierowym. Następnie rozgrzałam suchą patelnię i krótko go podprażyłam, po czym zmiksowałam wraz z siemieniem lnianym w młynku do kawy (można w blenderze, ale zdecydowanie trudniej).

Do garnuszka wlałam syrop, podgrzałam i dodałam mieszankę sezamowo-lnianą. Mieszałam na małym ogniu, aż masa zgęstniała. Pozostawiłam chwilę do wystygnięcia, a następnie uformowałam kulki. Można obtoczyć je w wiórkach kokosowych, aby lepiej się trzymały i nie zlepiały. Włożyłam do lodówki. Najlepsze są następnego dnia.

KOKTAJLE

KOKTAJL NA TRUDNE SPRAWY

PORCJA – 456 KCAL

Kasza jaglana to istotny produkt w diecie ciężarnych. Wzmacnia organizm, jest lekkostrawna, polecana przy problemach z układem pokarmowym, zmniejsza ciążowe dolegliwości: łagodzi wzdęcia, zaparcia, poranne mdłości i wymioty. Polecana dla kobiet z cukrzycą ciążową – obniża poziom cukru we krwi – oraz przy problemach z anemią (ze względu na wysoką podaż żelaza). Jest bogata w: potas, sód, cynk, selen, miedź, magnez, fosfor, witaminy z grupy B oraz witaminę E.

SKŁADNIKI NA 1 PORCJĘ

- 30 g suchej kaszy jaglanej
- 1 łyżka siemienia lnianego
- 1 gruszka lub 1 jabłko
- 5 cm imbiru
- 1 szklanka wody mineralnej lub mleka roślinnego
- szczypta cynamonu
- 2 łyżki oleju lnianego

SPOSÓB PRZYGOTOWANIA

Ugotowałam kaszę jaglaną na wodzie, dodałam siemię lniane, poczekałam, aż kasza wystygnie, po czym dodałam obraną gruszkę bez pestek. Wszystkie składniki wrzuciłam do blendera i zmiksowałam na jednolitą masę. Na koniec polałam olejem lnianym.

RADA: Jeśli koktajl jest zbyt gęsty, śmiało dodaj wody.

POŻYWNY KOKTAJL Z AWOKADO NA DRUGIE ŚNIADANIE

PORCJA – 270 KCAL

Awokado jest bogate w nienasycone kwasy tłuszczowe, witaminy z grupy B oraz magnez i potas. Wpływa pozytywnie na serce i obniża ciśnienie krwi.

SKŁADNIKI NA 2 PORCJE

- ½ awokado
- 1 banan
- garść szpinaku
- 100 ml gęstego mleczka kokosowego
- szczypta kurkumy
- 1 daktyl

SPOSÓB PRZYGOTOWANIA

Obrałam awokado i banan. Umyłam dokładnie szpinak i osuszyłam ręcznikiem papierowym. Sparzyłam daktyl wrzątkiem i usunęłam pestkę. Wszystkie składniki zmiksowałam w blenderze.

KOKTAJL Z DYNI I BANANA

PORCJA – 285 KCAL

Dynię ze względu na wysoką zawartość kwasu foliowego powinny polubić wszystkie mamy. Ponadto reguluje przemianę materii, jest bogata w wapń, potas, magnez, fosfor i żelazo. Wzmocni Twoje serce w tak ważnym momencie życia.

SKŁADNIKI NA 2 PORCJE

- 1 szklanka ugotowanej lub upieczonej dyni
- 1 banan
- ok. 1 szklanki soku jabłkowego
- cynamon
- woda niegazowana

SPOSÓB PRZYGOTOWANIA

Piekłam dynię ok. 40 minut w 200°C na górnej półce, ale jeśli wolisz, możesz ją ugotować. Ja wolę pieczenie, bo wystarczy ją tylko przeciąć na pół, oczyścić z pestek i włożyć wraz ze skórką, a po upieczeniu zdjąć skórkę. Upieczoną dynię zmiksowałam z resztą składników w blenderze.

BOOSTER NA LEPSZE SAMOPOCZUCIE

PORCJA – 300 KCAL

SKŁADNIKI NA 1 PORCJĘ

- 2 obrane i posiekane marchewki
- sok z 1 pomarańczy
- 100 ml soku z granatu
- ⅓ szklanki mleczka kokosowego
- ½ szklanki wody
- ½ łyżeczki cynamonu
- ¼ łyżeczki mielonych goździków

SPOSÓB PRZYGOTOWANIA

Wycisnęłam z marchwi sok w sokowirówce, po czym wymieszałam wszystkie składniki.

WIECZORNY SPOKÓJ

PORCJA – 50 KCAL (BEZ MIGDAŁÓW)

Melisa lekarska (*Melissa officinalis*) od wieków jest znana w medycynie ludowej. Napar i inne przetwory z jej liści można stosować w stanach pobudzenia nerwowego, rozdrażnienia, stresu, zespole przewlekłego zmęczenia i stanach lękowych. Ponadto melisa przynosi ukojenie podczas bólu głowy, jak również migreny. Po ciężkim i obfitym obiedzie warto przygotować sobie herbatkę z melisy, gdyż wspomaga ona trawienie, pobudzając wydzielanie soków żołądkowych. Liście melisy zawierają substancje wykazujące działanie antyoksydacyjne. Należą do nich polifenole oraz witamina E i beta-karoten. Melisa lekarska zapobiega uszkodzeniu błon komórkowych przez wolne rodniki tlenowe. Najlepsza jest ta z „parapetu" albo własnego ogródka.

SKŁADNIKI NA 1 PORCJĘ

- 300 ml zaparzonej melisy
- ok. 10 cm imbiru
- 1 łyżka miodu
- garść blanszowanych migdałów – do pochrupania

SPOSÓB PRZYGOTOWANIA

Zaparzyłam melisę, następnie obrałam imbir i starłam go na tarce, dodałam do herbaty z łyżką miodu.

KOKTAJL
NA OBNIŻENIE CIŚNIENIA

PORCJA – 110 KCAL

Podstawą tego koktajlu są seler naciowy oraz burak! Pamiętaj, że świeżo wyciskany sok z buraka i selera pity raz dziennie obniża ciśnienie krwi – to bogactwo azotanów i antyutleniaczy.

SKŁADNIKI NA 1 PORCJĘ

- 2 buraki
- 5 łodyg selera naciowego
- 1 garść szpinaku
- dodatkowo: 2–3 rzodkiewki
- woda niegazowana – według upodobań

SPOSÓB PRZYGOTOWANIA

Obrałam buraki, umyłam dokładnie wszystkie warzywa i wycisnęłam w sokowirówce.

POMOC NA ZGAGĘ, CZYLI KLEIK Z SIEMIENIA LNIANEGO

PORCJA – 100 KCAL

Polecam szczególnie w II trymestrze, kiedy zgaga dokucza najbardziej. Siemię lniane łagodzi tę dolegliwość, dzięki kleistej konsystencji ochrania nabłonek przełyku przed działaniem kwasów.

SKŁADNIKI NA 1 PORCJĘ

- 2 łyżki siemienia lnianego
- 1 szklanka wody
- 1 filiżanka naparu z rumianku

SPOSÓB PRZYGOTOWANIA

Wsypałam siemię lniane do rondelka i zalałam wodą. Gotowałam na małym ogniu ok. 10 minut, do uzyskania kleistej konsystencji. Zaparzyłam rumianek. Odcedziłam glutowaty napar i dodałam do naparu z rumianku. Polecam pić małymi łyczkami.

have a
nice day!

PORANNY NAPAR Z IMBIRU PRZECIW MDŁOŚCIOM

PORCJA – 100 KCAL

SKŁADNIKI NA 1 PORCJĘ

- ok. 200 g imbiru
- 3 goździki
- 1 łyżka miodu
- woda
- garść blanszowanych migdałów

SPOSÓB PRZYGOTOWANIA

Imbir pokroiłam w plasterki i ok. 10 minut gotowałam w rondelku z goździkami. Przelałam napar do kubka, po czym wmieszałam łyżkę miodu.

Na mdłości polecam też migdały do pochrupania.

SOKI DLA ZDROWEJ MAMY

Codzienna dawka witamin i minerałów! Do wyboru, do koloru! Czas na walkę z wysokim ciśnieniem, anemią, niedoborem żelaza. Już dziś wzmocnij swój organizm i usuń z niego nadmiar wody.

4

2 buraki + 100 ml soku z granatu

5

1 pęczek natki pietruszki + 1 kiwi + sok z ½ cytryny + woda kokosowa + szczypta kurkumy (szczególnie w III trymestrze ze względu na podaż żelaza)

Pamiętaj o tym, że **natka pietruszki** jest bogata w żelazo, chlorofil oraz witaminę C, ponadto usuwa wodę z organizmu i obniża ciśnienie krwi. Najlepiej spożywać ją w II i III trymestrze. Związki czynne pietruszki (korzeń) działają moczopędnie, co jest szczególnie ważne w przypadku kobiet ze skłonnościami do obrzęków.

Uwaga! Mimo prozdrowotnego działania kobietom w ciąży zaleca się umiar w spożywaniu natki pietruszki – może ona wpływać na układ krzepnięcia krwi u płodu.

AKTYWNOŚĆ FIZYCZNA W CIĄŻY

Nie byłabym sobą, gdybym nie chciała Ci powiedzieć jeszcze kilku ważnych słów, moja droga Czytelniczko. Jak zapewne wiesz, od dawna jestem aktywnym sportowcem oraz trenerem personalnym. Dzięki wieloletniemu doświadczeniu motywacja do treningów to dla mnie nic nowego. Żadna pogoda, zaległe sprawy czy ból zęba nie są wymówką, aby zostać pod kołdrą godzinę dłużej. Pewnie dlatego nie potrzebuję dodatkowych argumentów, by zrozumieć, że aktywność fizyczna jest bardzo istotna dla naszego samopoczucia, a regularny trening to lekarstwo niemal na wszystko.

Zaryzykuję stwierdzenie, że bez sportu nie mogę żyć, i dlatego z przyjemnością wdrażam trening również podczas ciąży. Naukowcy z American College of Obstetricians and Gynecologists twierdzą, że odpoczynek w łóżku nie jest efektywny, jeśli chodzi o zapobieganie przedwczesnemu porodowi, i nie powinien być tak często zalecany, bo może powodować zapalenie zakrzepowo-zatorowe żył, demineralizację kości i ogólny spadek wydajności organizmu. Spokojny spacer na świeżym powietrzu przyniesie Ci więcej korzyści niż kanapa i telewizor! Nie rak, wirus HIV czy inne straszne choroby są naszym największym zagrożeniem, ale brak odpowiedniej dawki ruchu. Regularne ćwiczenia minimalizują ryzyko otyłości i chorób współistniejących. Aktywne życie poprawia jego jakość.

Wiele badań naukowych potwierdza, że systematyczna i umiarkowana aktywność fizyczna podczas niepowikłanej ciąży jest w pełni bezpieczna i pozytywnie wpływa nie tylko na układ ruchu, ale i na cały organizm – zarówno Twój, jak i maluszka. Dotyczy to zwłaszcza ogólnej sprawności fizycznej, wydolności tlenowej i siły, tak w okresie ciąży, jak i po urodzeniu dziecka. Obecnie uznaje się, że niektóre nawyki związane z wysiłkiem nabyte podczas ciąży mogą do końca życia pozytywnie wpływać na zdrowie mamy i potomstwa. Regularna aktywność fizyczna podczas ciąży pomoże Ci poprawić lub utrzymać ogólną sprawność ciała i kontrolować wagę. Zredukuje ponadto ryzyko wystąpienia cukrzycy ciążowej, jeśli masz problem z nadwagą i otyłością, a przede wszystkim polepszy Twoje samopoczucie oraz da dodatkowy zastrzyk energii.

KORZYŚCI DLA CIEBIE I DZIECKA

- Średni koszt energetyczny porodu: 2,3 kilokalorii na minutę (marsz 4–5 kilometrów na godzinę)
- Średni czas trwania porodu: 7–10 godzin
- Wydatek energetyczny pozwalający przebyć dystans 40–50 kilometrów (odpowiada maratonowi)

Wiedziałaś o tym, jaki wysiłek czeka Cię za kilka miesięcy?
Wyobrażasz sobie, że mogłabyś wziąć udział w maratonie bez wcześniejszego przygotowania? Masz czas, więc wykorzystaj go najlepiej, jak możesz. Jeśli dotychczas nie trenowałaś regularnie i jeszcze Cię do tego nie przekonałam w pierwszym i drugim rozdziale, to czytaj uważnie:

AKTYWNOŚĆ FIZYCZNA W CIĄŻY MA BARDZO DOBRY WPŁYW NA ZDROWIE TWOJE I DZIECKA!

Przede wszystkim bardzo ważna jest konsultacja lekarska, bo niezależnie od tego, jak dobrze się czujesz, aktywność może zaszkodzić Tobie i maluszkowi. Tylko specjalista potrafi ocenić, na ile bezpieczny jest trening w Twoim konkretnym przypadku, oraz udzielić rad co do intensywności i rodzaju ćwiczeń. Możesz poprosić trenera osobistego o indywidualny program treningowy, który stworzycie wspólnie na podstawie tego, co lubisz, a czego nie. Skonsultuj się następnie z lekarzem i potwierdź, czy ćwiczenia są dla Ciebie bezpieczne. Jeśli wszystko jest w porządku i możesz trenować, na pewno ucieszy Cię wiadomość, że dzięki temu masz ogromne szanse na ciążę bez męczących dolegliwości, łatwiejszy poród i znacznie szybszy powrót do formy po połogu.

Korzyści dla Ciebie jest bardzo dużo:

- poprawisz sprawność fizyczną, wydolność tlenową oraz zyskasz siłę w ciąży i po porodzie
- poprawisz przemianę materii i obniżysz przyrost masy ciała, łatwiej Ci będzie kontrolować wagę i uniknąć otyłości
- zmniejszysz zagrożenie wystąpienia cukrzycy ciążowej
- poprawisz samopoczucie i będziesz miała dużo energii każdego dnia

- usprawnisz funkcjonowanie układu krążenia i oddechowego, co pozwoli znieść wysiłek w ciąży i podczas porodu
- zwiększy się przepływ krwi przez macicę i łożysko, co jest czynnikiem wpływającym pozytywnie na rozwój płodu i przebieg ciąży
- prawdopodobnie unikniesz porodu przedwczesnego, przenoszenia ciąży i nieprawidłowego ułożenia płodu
- poród może być krótszy i przebiec sprawniej, bo szybciej przebiegnie rozwieranie szyjki macicy
- skurcze parte będą mniej bolesne
- możesz liczyć na krótszą hospitalizację poporodową
- wzmocnisz stawy bardziej narażone na urazy poprzez rozluźnienie więzadeł
- dzięki lepszemu ukrwieniu gruczołów piersiowych laktacja rozpocznie się u Ciebie szybciej i będzie trwała dłużej
- będziesz spała spokojnie, a oczekiwanie na poród nie będzie tak stresujące
- rzadziej będzie Ci doskwierał ból pleców
- złagodzisz zaparcia
- wzmocnisz serce
- zmniejszysz ryzyko komplikacji w czasie ciąży, np. stanu przedrzucawkowego
- szybciej wrócisz do formy fizycznej i równowagi psychicznej
- odnotowano trzykrotnie niższy wskaźnik umieralności okołoporodowej aktywnych matek w całej populacji rodzących

Aktywność w ciąży pomoże również dziecku, bo oznacza:

- duże prawdopodobieństwo wysokiej punktacji w skali Apgar
- niski wskaźnik zachorowalności i umieralności okołoporodowej
- lepszy rozwój płodu i przebieg ciąży ze względu na większy przepływ krwi przez macicę

W najbliższych miesiącach możesz uważnie obserwować siebie i swój organizm i zauważać zachodzące zmiany, a Twoja świadomość ciała na pewno się poprawi. Ze szczególną dbałością podchodź do odżywiania i staraj się dobrze komponować posiłki. Wykorzystaj jak najlepiej ten czas troski o siebie i swoje ciało. Wybierz najodpowiedniejsze dla siebie ćwiczenia i popraw swoją sprawność fizyczną. Ćwicz ostrożnie i spokojnie, a zauważysz same korzyści.

BEZPIECZEŃSTWO TWOJE I DZIECKA

Przyszłe mamy, które wcześniej były czynne sportowo, mogą kontynuować aktywny styl życia po konsultacji z lekarzem i ustaleniu intensywności ćwiczeń. Pamiętaj jednak, że nawet jeśli bieżnie, piłki gimnastyczne i sporty wyczynowe nie są Ci obce, nigdy nie lekceważ wizyty lekarskiej przed treningiem! Nie zapominaj o tym, że każda z nas jest inna i reakcje organizmu na wysiłek w ciąży też mogą być różne. Obserwuj swój organizm!

Twoja anatomia i fizjologia w czasie ciąży się zmieniają i staną się kluczem do wyboru odpowiednich ćwiczeń. Przybierzesz na wadze, zmieni się punkt ciężkości, a stawy i kręgosłup będą bardziej obciążone. Ze względu na większą wentylację minutową płuc i objętość oddechową zdolność do ćwiczeń aerobowych, czyli takich, które angażują większe mięśnie w rytmicznym ruchu, będzie nieco mniejsza. Podczas treningu tętno powinno być równe 140 uderzeniom na minutę lub nawet niższe. Żeby mieć nad tym kontrolę, powinnaś trenować z pulsometrem.

Ciąża to dobry czas na uspokojenie się i skupienie na sobie. Treningi powinny obejmować ćwiczenia uelastyczniające i wzmacniające, przeciwzakrzepowe, oddechowe, rozciągające i relaksacyjne. Jeśli wcześniej prowadziłaś siedzący tryb życia, wprowadzaj trening stopniowo, pod czujnym okiem lekarza i najlepiej dopiero od 12. tygodnia ciąży.

- Bądź ostrożna podczas ćwiczeń, ponieważ krew z jamy brzusznej, także z macicy, przemieszcza się do pracujących mięśni i skóry, co może grozić niedotlenieniem płodu.
- Konsekwencją zbyt intensywnych ćwiczeń może być zwiększenie ciepłoty ciała (hipertermia). Przypuszczalnie wzrost temperatury ciała powyżej 40 stopni może spowodować uszkodzenie płodu.
- Zbyt intensywny wysiłek może powodować przedwczesny poród poprzez pobudzenie do skurczów mięśni gładkich macicy.

Jeśli nie czujesz się na siłach, by robić pełne treningi z wielokrotnymi powtórzeniami, pamiętaj, że nawet najprostsze ćwiczenia przynoszą korzyści, zarówno natychmiastowe, jak i w przyszłości.

NIE POZWALAJ SOBIE NA TRENINGI W CIĄŻY, JEŚLI DOTYCZĄ CIĘ KTÓREKOLWIEK Z WYMIENIONYCH DOLEGLIWOŚCI

- krwawienia
- niewydolność cieśniowo-szyjkowa
- ciężkie postacie gestozy ciążowej
- nadciśnienie tętnicze
- cukrzyca
- niedokrwistość ciężarnych wysokiego stopnia
- odmiedniczkowe zapalenie nerek w ciąży
- ciąża wielopłodowa (bliźniacza)
- infekcje, przeziębienie, gorączka
- wcześniejsze porody przedwczesne
- choroby serca i płuc matki
- łożysko przodujące po 26. tygodniu ciąży
- stan przedrzucawkowy

Przerwij także ćwiczenia, jeśli odczuwasz ból podbrzusza, zawroty i bóle głowy, masz duszności, zdarzały Ci się omdlenia, kołatanie serca, spłycony oddech lub trudno Ci się rozmawia w trakcie ich wykonywania.

Podczas ćwiczeń postępuj zgodnie z tymi zasadami:

- nie zaczynaj ćwiczyć, dopóki nie uzyskasz zgody lekarza!
- aby zapobiec odwodnieniu, w trakcie i po treningu przyjmuj płyny w odpowiedniej ilości. Zważ się po treningu i jeśli wskazówka pokaże, że jesteś lżejsza niż przed przystąpieniem do ćwiczeń, uzupełnij płyny
- strój do ćwiczeń powinien być przewiewny, co chroni przed przegrzaniem
- zadbaj o odpowiedni biustonosz dopasowany do powiększonych piersi
- nie rozpoczynaj intensywnych treningów w I trymestrze
- ze względu na zagrożenie niedotlenieniem nie nurkuj, nie uprawiaj wspinaczki wysokogórskiej ani nie podnoś ciężarów
- jedz węglowodany złożone, co warunkuje odbudowę glikogenu mięśniowego
- ćwiczenia powinny odbywać się w odpowiedniej temperaturze, przy dostępie do świeżego powietrza
- trening przypomni Ci o istnieniu pewnych mięśni, jeśli jednak odczujesz ból, koniecznie przerwij ćwiczenia i skonsultuj się z lekarzem

Dodatkowe ważne wskazówki do samych ćwiczeń:

- ciągłe zmęczenie jest sygnałem, że warto zredukować intensywność treningów
- utrzymuj maksymalne tętno 140 uderzeń na minutę (możesz kupić pulsometr, który pomoże je kontrolować)
- stosuj ćwiczenia, które nie grożą urazem – szczególnie w I trymestrze powinny być mało intensywne. Polecam spacer, pływanie lub jogę
- nie wykonuj ćwiczeń w leżeniu na wznak, zwłaszcza od 4.–5. miesiąca. W niektórych przypadkach dyskomfort i zawroty głowy są odczuwalne w tej właśnie pozycji od samego początku ciąży. To dlatego, że powiększające się macica i płód uciskają żyłę główną dolną biegnącą wzdłuż kręgosłupa, co może spowodować niedotlenienie płodu. Dodatkowo ta pozycja bardzo obciąża kręgosłup. Najbezpieczniejszą pozycją do treningu, ale i do spania jest leżenie na boku, zwłaszcza na lewym.
- podczas ćwiczeń nie unoś rąk powyżej linii barków, szczególnie jeśli używasz ciężarków
- niewskazane są zbyt głębokie przysiady
- niewskazane są ćwiczenia, które wymagają dotknięcia palców u nóg
- nie wykonuj ćwiczeń wzmacniających mięśnie brzucha
- zalecane są ćwiczenia w siadzie na piłce, w leżeniu bokiem, w klęku podpartym i w podporze bokiem
- w zaawansowanej ciąży unikaj ćwiczeń w pozycji stojącej bądź zminimalizuj je – ze względu na przesunięty środek ciężkości i powiększony brzuch jest dużo trudniej się poruszać, więc staraj się odciążyć kręgosłup
- nie stosuj obciążeń w III trymestrze lub dobierz najmniejszy ciężar, na przykład 0,5 kilograma, w zależności od zaawansowania oraz samopoczucia
- ćwicz plecy i nogi, gdyż pomagają podczas zmian postawy podczas ciąży. Dają stabilizację oraz siłę i przygotowują ciało do wysiłku w trakcie porodu i po urodzeniu dziecka
- ćwicz jogę i pilates
- nie podskakuj i nie wykonuj gwałtownych ruchów
- nie uprawiaj sportów kontaktowych, jak koszykówka i inne gry zespołowe
- rób najwyżej 3–5 treningów w tygodniu (wszystko zależy od samopoczucia)

Jak zawsze powtarzam: **SŁUCHAJ SWOJEGO CIAŁA!** Ono jest najlepszym doradcą i jako pierwsze da Ci sygnał, jeśli coś będzie nie w porządku. Ćwiczenia nie są po to, aby Cię zmęczyć, ale wzmocnić, rozruszać i zrelaksować.

CZY TRENOWAĆ MIĘŚNIE BRZUCHA W CIĄŻY?

Bardzo często spotykam się z pytaniami o trening brzucha w ciąży. Wiem, że w środowisku lekarskim i trenerskim jest to dość kontrowersyjny temat.

Czy trenować mięśnie brzucha w czasie ciąży? Według mnie NIE.

Czasem poleca się trening samych mięśni skośnych brzucha, ale ja go zdecydowanie odradzam, bo nie da się ich odizolować od mięśni prostych i ćwiczyć jedynie tych partii. Trening mięśni prostych jest bardzo niebezpieczny z kilku powodów:

- by nie doprowadzić do niedotlenienia płodu nie zaleca się ćwiczeń w pozycji na wznak od 4.–5. miesiąca ciąży, a niekiedy nawet znacznie wcześniej (piszę o tym w dalszej części)
- ćwiczenia mięśni prostych brzucha zwiększają ciśnienie w klatce piersiowej oraz w jamie brzusznej, co grozi poronieniem
- mięśnie brzucha podczas ciąży rozciągają się, a ich ćwiczenie może potęgować występowanie groźnego rozszczepu mięśni prostych brzucha.

Rozszczep mięśni prostych brzucha (kresa biała)

Po ciąży przygotuj się na zmianę rozmiaru brzucha, ale i jego budowy, co spowodowane jest rozciągnięciem mięśni, tak zwanej kresy białej. Dzięki hormonom dziecko zmieści się nawet w małym brzuchu. Mięśnie proste brzucha naturalnie powinny do siebie przylegać w linii środkowej ciała. Jednak często w trakcie ciąży mięśnie oddalają się i pojawia się linia środkowa brzucha – tym wyraźniejsza, im większe jest rozejście pęczków mięśniowych. Może mieć ono formę niewielkiego uwypuklenia, które wchłonie się po upływie około roku po porodzie lub by się go pozbyć, będziesz potrzebować odpowiednich ćwiczeń. W skrajnych wypadkach konieczna będzie interwencja chirurgiczna. Przepuklina kresy białej jest przyczyną nieodpowiedniej pracy mięśni brzucha, bólów grzbietu i trudności w zachowaniu prostej postawy. Może współistnieć z przepukliną pępkową i powodować wiele innych trudności w życiu codziennym.

Do rozejścia się mięśni prostych często przyczyniają się:

- intensywne ćwiczenia mięśni brzucha w czasie ciąży!
- wiek kobiety (powyżej 35 lat)
- liczne przebyte ciąże
- ciąża mnoga
- ułożenie dziecka w macicy powodujące silne uwypuklenie brzucha
- wysoka waga urodzeniowa
- delikatna budowa ciała ciężarnej

W tym miejscu powtórzę i podkreślę raz jeszcze, aby w czasie ciąży unikać ćwiczeń brzucha, w tym mięśni skośnych, ponieważ trudno wtedy nie angażować również mięśni prostych. Staraj się nie leżeć i nie ćwiczyć w pozycji na wznak. Trening brzucha powoduje parcie zwiększające ciśnienie w klatce piersiowej (śródpiersiowe) oraz w jamie brzusznej (śródbrzuszne) – może to spowodować przedwczesny poród, a w pierwszych miesiącach ciąży nawet poronienie.

Jeśli podejrzewasz u siebie rozejście się mięśni prostych, najlepiej skontaktuj się z lekarzem specjalistą, ale możesz też przeprowadzić badanie sama. Połóż się na plecach w wygodnej pozycji, zegnij nogi w stawie kolanowym i biodrowym, stopy podeprzyj na ziemi. Połóż palce na brzuchu wzdłuż kresy białej (linia od wyrostka mieczykowatego do spojenia łonowego) i wykonaj delikatny ruch głową w stronę klatki piersiowej. Weź wdech i wypuść powietrze. Jeśli wyczujesz, że między mięśniami zapadają się do wewnątrz brzucha więcej niż trzy palce, oznacza to, że mogło nastąpić rozejście się mięśni prostych bądź ciało nie jest jeszcze gotowe do podjęcia treningu mięśni brzucha po porodzie. Skonsultuj się z lekarzem i fizjoterapeutą, by podpowiedzieli, jak temu zaradzić.

Osłabienie oraz rozciągnięcie tkanki łącznej i mięśni brzucha w okolicy pępka mogą być przyczyną poważnej choroby – przepukliny pępkowej. Tłuszcz i jelita z jamy brzusznej mogą wówczas przedostać się do worka przepuklinowego pod skórą. Jeśli tę zawartość da się odprowadzić ponownie do brzucha, nie jest to jeszcze zagrożenie dla zdrowia. Jeśli jednak nie można tego zrobić, to mamy do czynienia z tak zwanym uwięźnięciem przepukliny i konieczna jest natychmiastowa operacja. Gdy wyczuwasz w pępku opór w postaci guzka, a nawet niewielki ból, skonsultuj się z chirurgiem.

Udowodniono, że kobiety, które były aktywne fizycznie przed ciążą i angażowały przy tym mięśnie brzucha oraz mięśnie głębokie, po porodzie nie miały problemu z rozejściem się mięśni brzucha.

TRENINGI
DLA POSZCZEGÓLNYCH TRYMESTRÓW

Od kilku lat regularnie prowadzę warsztaty skierowane do przyszłych mam. Dzięki nim poznałam wiele kobiet o różnym stopniu zaawansowania pod względem aktywności fizycznej. Inspirują mnie ich historie, przebieg ciąży i doświadczenia. Wiedza, jaką czerpię „prosto ze źródła", jest doskonałym uzupełnieniem wiadomości, których dostarcza fachowa literatura oraz współpraca ze środowiskiem lekarskim i trenerskim. Te wszystkie lata naszej wspólnej ciężkiej pracy przekonały mnie, że kobiety są coraz bardziej świadome swojego ciała i zmian, jakie w nim zachodzą. Mają także coraz większą wiedzę nie tylko o tym, jak pomóc sobie i maleństwu przez dziewięć miesięcy ciąży, ale i jak zadbać o ich stan zdrowia w przyszłości.

Chcę teraz Tobie przekazać wiedzę, jaką udało mi się zgromadzić.

PODCHODZĘ DO CIEBIE Z DOŚWIADCZENIEM TRENERSKIM I EMPATIĄ, BO SAMA PRZYGOTOWUJĘ SIĘ DO NOWEJ ŻYCIOWEJ ROLI – BYCIA MAMĄ.

Przygotowałam zestawy ćwiczeń na każdy trymestr. Przed przystąpieniem do nich przeczytaj dokładnie zalecenia i przeciwwskazania.

ROZGRZEWKA

Rozgrzewka to najważniejsza, integralna część każdego treningu, dzięki niej przygotujesz swoje mięśnie do aktywności, uelastycznisz je, a przede wszystkim zmniejszysz prawdopodobieństwo kontuzji i urazu.

Zacznij od:

- krążeń głową
- krążeń ramionami
- krążeń dłońmi, nadgarstkami
- krążeń barkami (wymachy okrężne ramion w przód i w tył)
- krążeń stopami (staw skokowy)
- krążeń biodrami
- krążeń kolanami (nogi lekko ugięte, złączone, w początkowej fazie ćwiczenia ruchy okrężne, a następnie prostowanie i zginanie)
- delikatnych spięć na palcach w lekkim rozkroku
- krążeń nogami (do środka i na zewnątrz, im bardziej zaawansowana ciąża, tym lepiej wykonywać je przy oparciu, np. krzesła)

STRETCHING I ODDYCHANIE

Na każdym etapie ciąży bardzo ważne są relaks i odprężenie. Ćwicz powoli i dokładnie. Zadbaj o elastyczność swojego ciała, wykonując ćwiczenia rozciągające i regulujące oddech. Ze względu na bezpieczeństwo Twoje i maluszka przed rozpoczęciem treningów skonsultuj się z lekarzem.

ĆWICZENIA NA I TRYMESTR

(1. → 13. tydzień)

Ciąża dopiero się rozpoczęła, a wiadomo, że najtrudniejszy jest pierwszy krok. W organizmie zachodzi teraz wiele zmian i hormony szaleją. Sytuacji nie poprawia fakt, że długo czekałaś na te dwie kreski i teraz boisz się odpowiedzialności, jaka na Tobie spoczywa. Jeśli ciąża nie była planowana, w chwili kiedy czytasz te słowa, szok minął i już dawno oswoiłaś się z nowym stanem. W obu przypadkach pewnie jesteś na etapie radzenia sobie z trudnościami, takimi jak nudności, zmęczenie, senność, ból piersi oraz innymi dolegliwościami, które towarzyszą pierwszym tygodniom ciąży. Często w tym czasie nie masz ochoty na aktywność fizyczną, ale jeśli czujesz się doskonale, ciąża jest bezpieczna, nie ma przeciwwskazań i byłaś wcześniej aktywna, to możesz przystąpić do podstawowych ćwiczeń, które przedstawiam poniżej. Jeśli jednak tak nie jest, to proponuję rozpocząć treningi od 12.–14. tygodnia ciąży. Daj sobie czas, aż dziecko poczuje się w Twoim brzuchu bezpiecznie jak w domu. Jeżeli lekarz odradzi treningi, w zamian poćwicz mięśnie dna macicy, prawidłowe oddychanie, wyjdź na spacer i zrelaksuj się. Pamiętaj, że przede wszystkim w I trymestrze możesz bez poczucia winy pozwolić sobie na więcej odpoczynku!

Forsowanie ciała, szczególnie w tym czasie, jest bardzo niebezpieczne. Nawet jeśli prowadziłaś aktywny tryb życia przed ciążą, pamiętaj, by ćwiczyć mniej intensywnie i wykonywać łagodne ruchy. W I trymestrze najlepszym treningiem jest spokojny spacer. Pilnuj, by puls nie przekraczał 140 uderzeń na minutę. Ćwiczenia nie powinny być zbyt intensywne i w zależności od samopoczucia powinny trwać od 30 do 60 minut. Zacznij od treningu pięciominutowego i stopniowo przedłużaj go o kolejne 5 minut, aż będziesz w stanie ćwiczyć 30 minut, ale przede wszystkim daj sobie w tym okresie więcej luzu. Teraz wyjątkowo doradzam odpuszczanie, jeśli nie masz ochoty na trening. Zostań w łóżku i zrelaksuj się, nic na siłę.

Osobiście rozpoczęłam treningi w 10. tygodniu ciąży od pływania i wykonywania podstawowych ćwiczeń. Kontynuowałam je regularnie do końca, przeplatając na zmianę basen i ćwiczenia, które polecam poniżej również Tobie. Jeśli Twój lekarz prowadzący nie widzi przeciwwskazań, to pływaj i poczuj się w wodzie jak ryba!

Na naturalne w okresie ciąży obrzęki ciała, drętwiejące dłonie i stopy pływanie było ratunkiem! Regularne pływanie poprawiło wydolność układu oddechowego i układu krążenia. Ciśnienie hydrostatyczne oraz masaż ciała poprzez wodę mogą zapobiegać zastojom żylnym i niwelować opuchnięcia.

Po trzydniowym „zasiedzeniu" przy świątecznym, rodzinnym stole pływanie przyniosło wielką ulgę. Moje ciało szybko się rozruszało, a równocześnie było zrelaksowane. Ponadto organizm zaczął regulować poziom wody i wydalać jej nadmiar, dzięki czemu pozbyłam się obrzęków.

Dodatkową korzyścią wynikającą z pływania jest wzmocnienie mięśni pleców, nóg i obręczy barkowej. Jeśli masz problemy z bólem kręgosłupa, również polecam tę formę treningu.

W tym okresie ćwiczenia należy dobierać tak, aby nie obciążać i nie napinać zbyt mocno mięśni brzucha. Poza tym nie powinny one być intensywne – najważniejsza jest koncentracja na właściwym oddechu i korygowanie postawy, by przez kilka następnych miesięcy zbyt mocno nie obciążać kręgosłupa. Najbezpieczniejsze są ćwiczenia oparte przede wszystkim na ruchu rąk i nóg w szerokim zakresie. Zamiast intensywnie trenować, rozciągaj te partie ciała, w których odczuwasz jakiś dyskomfort czy napięcie. Wykonuj ruch na tyle, na ile pozwala ciało, unikaj pracy na granicy bólu. Nie obciążaj ani nie napinaj brzucha, bo to może spowodować poronienie. Prawidłowa postawa ciała jest bardzo ważna, a w okresie ciąży szczególnie. Wiele pozornie łatwych czynności życia codziennego teraz musisz wykonywać ze szczególną ostrożnością. Wybieraj takie krzesła i fotele, na których oprzesz całe biodra i plecy. Możesz układać dodatkowe poduszki na siedzeniu, by kolana znajdowały się poniżej bioder. Unikaj pozycji półsiedzącej, bo może ona skutkować pośladkowym ułożeniem dziecka.

Przygotowałam krótki program złożony z podstawowych i bezpiecznych ćwiczeń. Każde ćwiczenie wykonaj w 10–15 powtórzeniach. Jeśli czujesz się na siłach, powtórz je w 2–3 seriach.

Pamiętaj o pierwszej ważnej zasadzie, o której zawsze uczyłam się na szkoleniach i czytałam w wielu specjalistycznych źródłach.

NAWET JEŚLI NIE MA ŻADNYCH PRZECIWWSKAZAŃ, NIE POWINNAŚ ĆWICZYĆ W DNIACH, W KTÓRYCH PRZYPADAŁABY MIESIĄCZKA, GDYŻ GROZI TO PORONIENIEM.

1. **Przysiad, następnie lekkie wspięcie na palce.** Stań w lekkim rozkroku na szerokość bioder, wysuń mocno biodra w tył, kolana ustawione równolegle, plecy wyprostowane, ciężar ciała przełóż na pięty. Wykonaj wdech podczas przysiadu, a wydech podczas powrotu do pozycji wyjściowej. Pamiętaj, aby podczas przysiadu kolana nie wystawały za linię palców.

2. **Wykrok i pogłębienie naprzemiennie raz jedną, raz drugą nogą.** Plecy utrzymaj w pozycji wyprostowanej, łopatki ściągnięte, barki, biodro i kolano w jednej linii. Pamiętaj, aby kolana nie wystawały za linię palców.

3. **W klęku podpartym wznos ręki w przód i w bok.** Zmiana strony po 10 powtórzeniach. Staraj się odkładać dłoń równolegle pod barkami.

4. **W podporze na przedramionach i na kolanach – marsz na przedramionach.** Staraj się utrzymać linię prostą ciała, nie pogłębiaj lordozy w odcinku lędźwiowym.

5. **Wznos nogi ugiętej w stawie kolanowym w klęku podpartym.**

6. Wykop nogi do tyłu w klęku podpartym. Przyciągnij kolano do klatki piersiowej, a następnie wykonaj delikatny wykop nogi w tył z zadartymi palcami u stóp.

7. Wznos bioder do linii prostej ciała w podporze bokiem na przedramieniu. Pozycja łatwiejsza – noga podporowa ugięta w stawie kolanowym pod kątem 90 stopni.

Łatwiejsza wersja:

8. **Odwodzenie wyprostowanej nogi w górę w podporze bokiem.** Palce u stóp zadarte.

9. **Wznos bioder do pozycji „krzesełko".** W podporze tyłem, ramiona rozstawione na szerokość barków. Wznos bioder do linii prostej ciała, pośladki napięte.

10. Uginanie ramion (jak w pozycji „krzesełko") w podporze tyłem. Zaangażuj tylko obręcz barkową, postaraj się odizolować pracę mięśni brzucha podczas wykonywanego ćwiczenia.

11. **Wykonaj siad japoński z pośladkami na piętach, opadem tułowia i ramionami wyprostowanymi w przód.** Policz do 10 i powróć do klęku popartego. Następnie wykonaj lekkie ugięcie ramion w stawie łokciowym. Nie pogłębiaj lordozy w odcinku lędźwiowym.

12. **W klęku podpartym przełóż pod klatką piersiową raz prawe ramię, raz lewe, wykonując głęboki wdech i wydech.**

ĆWICZENIA NA II TRYMESTR

(14. → 26. tydzień)

Nadszedł piękny okres, w którym czujesz, jak brzuch rośnie i się zaokrągla. Już się oswoiłaś z nową sytuacją i przyszłą rolą mamy. Najprawdopodobniej możesz zapomnieć o dyskomforcie związanym z I trymestrem, a nowe uciążliwości jeszcze się nie pojawiły. To wszystko sprawia, że wstępuje w Ciebie nowa siła i masz ochotę trochę pobrykać.

Do treningu z I trymestru dołącz wzmacnianie mięśnia dna miednicy. Pomoże Ci to uniknąć wstydliwej przypadłości wielu kobiet w ciąży – nietrzymania moczu. Często problem ten pojawia się po pierwszym porodzie i nasila przy następnych. Jest to bardzo krępujące i na pewno im szybciej zaczniesz mu zapobiegać, tym lepsze będą efekty. Trening ten również zaowocuje podczas porodu. Może znacznie złagodzić ból i skrócić kolejne etapy porodu. Ćwicząc, zmniejszasz ryzyko pęknięcia krocza lub konieczności jego nacięcia. Ponadto szybciej wrócisz do formy po porodzie. Ostatnia, ale bardzo ważna zaleta – dzięki tym ćwiczeniom zwiększysz doznania seksualne. Jeśli Twój lekarz nie widzi przeciwwskazań, powtarzaj ćwiczenia nawet codziennie. Możesz je wykonywać niemal w każdej chwili, jednak w przypadku żylaków odbytu czy podszytej szyjki wykonuj je w pozycji siedzącej. Zaciskaj mięśnie pochwy na około 10 sekund. Powtórz to 10 razy i staraj się za każdym razem zaciskać mięśnie z większą siłą lub wydłużać czas. Nie zapominaj o miarowym oddechu. Pilnuj, by nie zaciskać mięśni powłok brzusznych.

Dodatkowym ćwiczeniem niech będzie poprawa ruchomości i elastyczności stawów biodrowych. Nie zaniedbuj ćwiczeń oddechowych, bo na pewno zaowocują podczas porodu.

Unikaj:

- gwałtownych podskoków
- głębokich przysiadów
- leżenia przodem i tyłem
- unoszenia rąk powyżej linii barków, szczególnie w III trymestrze
- angażowania brzucha, zwłaszcza mięśnia prostego
- jazdy na rolkach, łyżwach, nartach
- jazdy na rowerze po nierównym terenie
- nurkowania, wspinaczki wysokogórskiej i innych sportów, które mogą doprowadzić do niedotlenienia

Pamiętaj o konsultacji z lekarzem przed przystąpieniem do ćwiczeń. Nie przestawaj obserwować swojego organizmu podczas wykonywanych ćwiczeń. Jeśli brzuch zaczyna być dla Ciebie dodatkowym ciężarem i masz trudność z wykonaniem któregoś ćwiczenia, np. w podporze przodem – przerwij ćwiczenie. Podobnie jak w I trymestrze ćwiczenia wykonuj wolno i skoncentruj się na właściwej postawie, technice oraz prawidłowym oddychaniu. Szczególnie te ostatnie będą potrzebne w pierwszej fazie porodu. Pilnuj, by ruchy były łagodne. Dzięki temu zapewnisz zdrowie i bezpieczeństwo sobie i maluszkowi.

Zestaw treningowy z I trymestru wzbogać o ćwiczenia wzmacniające mięśnie dna miednicy oraz usprawniające elastyczność i ruchomość w stawach biodrowych.

NIE WYKONUJ ĆWICZEŃ, KTÓRE WYMAGAJĄ:

- głębokich skłonów z głową w dół
- gwałtownych podskoków
- bardzo głębokich przysiadów
- leżenia przodem i tyłem (na wznak)
- angażowania mięśni brzucha, szczególnie mięśnia prostego

Spotkałam się jakiś czas temu z opinią, że w ciąży należy uważać na ćwiczenia, podczas których występuje asymetryczne ustawienie miednicy, ponieważ powodują poszerzenie chrząstkozrostu krzyżowo-biodrowego oraz spojenia łonowego. Może to znacznie ograniczyć ruchomość miednicy, a tego typu ćwiczenia mogą wywołać dyskomfort lub ból.

Osobiście próbowałam ćwiczeń na orbitreku, ale w moim przypadku, podobnie jak jazda na rowerku stacjonarnym, nie zdały egzaminu, ponieważ nie czułam się komfortowo. Zdecydowanie wybierałam alternatywę taką jak spacer na bieżni lub w terenie.

Wykonaj każde ćwiczenie po 10–15 powtórzeń w 2–3 seriach.

1. **Sumo squat, czyli szeroki przysiad.** Stań w szerokim rozkroku, stopy ustaw skierowane palcami na zewnątrz. Wykonaj przysiad, ściskając jednocześnie zaplecione dłonie przed klatką piersiową.

2. **Sumo squat ze wspięciem na palce.** Stań w szerokim rozkroku, stopy ustaw skierowane palcami na zewnątrz, ugnij lekko kolana, dłonie połóż na kolcach biodrowych, następnie wykonaj wspięcie raz lewej stopy, raz prawej. Postaraj się przez całe ćwiczenie pozostać w lekkim przysiadzie.

3. **Wykrok w tył i w przód – ta sama noga, następnie zmiana.** Plecy wyprostowane, łopatki ściągnięte, utrzymaj jedną linię: barki, biodro i kolano. Pamiętaj, że kolano nie może wystawać za linię palców.

4. **Odwodzenie nogi w bok z przysiadem.** Stań w lekkim rozkroku na szerokość bioder, wykonaj wdech podczas przysiadu, a następnie wydech, wracając do pozycji wyjściowej, z jednoczesnym odwodzeniem nogi w bok. Zmień nogę po 10–15 powtórzeniach.

5. **Odwodzenie nogi w przód z przysiadem.** Stań w lekkim rozkroku na szerokość bioder, wykonaj wdech podczas przysiadu, a następnie wydech, wracając do pozycji wyjściowej, z jednoczesnym odwodzeniem nogi w przód. Zmień nogę po 10–15 powtórzeniach.

6. **Odwodzenie nogi w tył z przysiadem.** Stań w lekkim rozkroku na szerokość bioder, wykonaj wdech podczas przysiadu, a następnie wydech, wracając do pozycji wyjściowej, z jednoczesnym odwodzeniem nogi w tył. Staraj się nie pogłębiać lordozy odcinka lędźwiowego podczas wykonywania ćwiczenia. Zmień nogę po 10–15 powtórzeniach.

7. **Uginanie ramion w podporze tyłem.** Ramiona rozstawione na szerokość barków, wykonaj delikatne uginanie ramion w stawie łokciowym.

8. Unoszenie bioder do pozycji „krzesełko" w podporze tyłem.
Ramiona rozstawione na szerokość barków, wykonaj wznos bioder do linii prostej ciała, pośladki napięte.

9. Unoszenie biodra do góry w podporze bokiem na przedramieniu i na nodze zgiętej w stawie kolanowym. Utrzymaj linię prostą ciała.

10. Wznos nogi ugiętej do góry w klęku podpartym na przedramionach. Palce u stóp zadarte.

11. W **klęku podpartym przeciwległy wznos ręki i nogi do linii prostej ciała.** Głowa i wzrok skierowane do dołu, palce u stóp zadarte. Postaraj się pozostać w takiej pozycji ok. 3 sekund, następnie zmień stronę. Wykonaj ćwiczenie bardzo powoli, skupiając się na oddechu.

12. W podporze przodem uginanie raz jednego ramienia, raz drugiego.

Nie pogłębiaj lordozy w odcinku lędźwiowym.

13. Szerokie pompki. W podporze przodem uginanie ramion w stawie łokciowym z szeroko rozstawionymi ramionami. Nie pogłębiaj lordozy w odcinku lędźwiowym.

14. W siadzie płaskim marsz na pośladkach w przód i w tył.

ĆWICZENIA NA III TRYMESTR

(27. → 40. tydzień)

Twój brzuch rośnie szybko, a środek ciężkości zmienia położenie. Dolegliwości coraz bardziej dają o sobie znać, narasta znużenie. Też to znam. Jeszcze tylko chwila i będziemy mamami. Wykorzystaj ten czas na przygotowanie się do porodu i złagodzenie problemów ciążowych.

- **Płytki oddech** – jest utrapieniem większości ciężarnych. Wynika z powiększonej macicy, która uciska płuca przez przeponę i nie pozwala jej się obniżać jak dotychczas. Dodatkowo za sprawą hormonów obkurczają się ściany naczyń krwionośnych i spada napięcie mięśni oskrzeli i płuc. Warto więc zamiast oddychania torem piersiowym nauczyć się wykorzystywać przeponę, co na pewno przyniesie efekty. Połóż rękę na brzuchu i obserwuj, jak się podnosi i opada przy wdechu i wydechu. Staraj się oddychać głęboko i miarowo. Te ćwiczenia nie są trudne, można je wykonywać na każdym etapie ciąży.
- **Bóle kręgosłupa** – wzmocnij kręgosłup i muskulaturę, by utrzymać prawidłową postawę i złagodzić bóle.
- **Problemy ze snem** – przewracanie się z boku na bok to nie lada wyzwanie, no i jeszcze ciągłe bieganie do toalety. Jak wspominałam, aktywność fizyczna poprawia jakość snu i ułatwia zasypianie.

Zdarza się, że będziesz co jakiś czas odczuwać niewielkie skurcze. Najprawdopodobniej będą to skurcze Braxtona-Hicksa, które są słabo odczuwalne i całkiem bezpieczne. To naturalny proces przygotowujący ciało do porodu. Pojawiają się np. po zmęczeniu lub aktywności fizycznej. Jeśli pojawią również u Ciebie, to zmień pozycję, odpocznij lub przerwij trening.

W tym trymestrze powtarzaj ćwiczenia z dwóch pierwszych, ale przede wszystkim skoncentruj się na oddechu. Dzięki temu podczas porodu będziesz mogła zapanować nad rozluźnieniem mięśni dna miednicy i swobodnie dostarczyć dziecku więcej krwi. Będziemy trenować w pozycji siedzącej, najlepiej na piłce, to pozwoli się odprężyć i odciążyć kręgosłup. Napinaj i rozluźniaj kolejno poszczególne mięśnie, a następnie całe grupy mięśniowe. Wykonuj krążenia nadgarstkami oraz zginaj palce rąk i nóg, aby zapobiec obrzękom i żylakom. Dbaj o mięśnie ramion i przedramion, aby je wzmocnić i poprawić wygląd piersi. Unikaj natomiast ćwiczeń skoncentrowanych na pracy wewnętrznych mięśni ud i wszystkich, które były dla Ciebie niebezpieczne w II trymestrze. W III trymestrze ciąży możesz być aktywna, jeśli nie masz przeciwwskazań od lekarza i czujesz się wystarczająco dobrze.

CAŁY CZAS OBSERWUJ SWÓJ ORGANIZM. JEŚLI CZUJESZ DYSKOMFORT PRZY WYKONYWANIU KTÓREGOKOLWIEK ĆWICZENIA – PRZERWIJ JE.

1. **Przysiad ze wspięciem na palce.** Ustaw nogi na szerokość bioder, palce skieruj delikatnie na zewnątrz. Trzymając się oparcia krzesła (dla lepszej równowagi), wykonaj lekki przysiad z wdechem, a następnie wspięcie na palce z wydechem.

2. **Krążenie nogą do środka w stawie biodrowym:** najpierw prawa, potem lewa noga.

3. **Naprzemienne odwodzenie nogi w tył.**

4. **Odwodzenie nogi w bok.**

5. Odwodzenie nogi w przód z jednoczesnym lekkim kopnięciem.

6. Siedząc na piłce gimnastycznej lub krześle, wykonaj głęboki wdech, otwierając jednocześnie klatkę piersiową – ramiona w bok, łopatki ściągnięte. Następnie, ściągając ramiona przed sobą i zaokrąglając odcinek piersiowy kręgosłupa, wykonaj wydech.

7. Siedząc na piłce, wykonuj krążenia miednicą raz w lewą, raz w prawą stronę.

8. Siedząc na piłce, unieś zgięte kolano, dłonie trzymaj mocno na piłce dla utrzymania równowagi.
Powtórz czynność z drugą nogą.

9. Siedząc na piłce, wykonuj krążenia ramion wyprostowanych w bok.

10. **Delikatne uginanie ramion w podporze tyłem.** Zaangażuj tylko obręcz barkową, postaraj się odizolować pracę mięśni brzucha podczas wykonywanego ćwiczenia.

11. Wznos nogi w górę w leżeniu bokiem. Noga podporowa ugięta w stawie kolanowym pod kątem 90 stopni. Palce u stopy zadarte.

12. Koci grzbiet na piłce – wygięcie odcinka piersiowego. Wykonaj głęboki wdech i wydech.

Niewykluczone, że podczas ciąży będziesz musiała zachować szczególną ostrożność i zapomnieć o częstych treningach, co może spowodować zastoje i zakrzepy. Uchronią Cię przed nimi odpowiednie ćwiczenia, które wzmocnią krwiobieg.

ĆWICZENIA **PO PORODZIE**

Już po wszystkim! Byłaś bardzo dzielna i udało Ci się urodzić zdrowe i silne dziecko. Gratuluję Wam obojgu, bo poród to ogromny wysiłek i stres zarówno dla Ciebie, jak i dla dziecka. Teraz możesz odpocząć, ale nie zapominaj o zdrowych nawykach, jakimi są ćwiczenia. Wiele kobiet, które po porodzie przestały regularnie ćwiczyć, wkrótce borykało się z nadwagą czy otyłością. Warto powoli wrócić do aktywności fizycznej choćby dla lepszego samopoczucia, no i żeby mieć chwilę dla siebie i powoli wracać do formy sprzed ciąży.

ĆWICZ PO CIĄŻY, A DZIĘKI TEMU:

- wzmocnisz i wymodelujesz mięśnie brzuszne, pod warunkiem że nie nastąpiło rozejście mięśnia prostego. Jeśli tak się stało, Twój brzuch potrzebuje znacznie więcej czasu i pracy, by powrócić do dawnej formy
- zyskasz mnóstwo energii
- unikniesz depresji poporodowej
- polepszysz jakość snu
- rozładujesz stres
- szybciej wrócisz do formy
- poprawisz nastrój

Powrót do aktywności fizycznej po porodzie zależy od jego przebiegu, czy był naturalny, czy urodziłaś poprzez cesarskie cięcie. Ponadto decydujący wpływ mają Twoja kondycja i samopoczucie, a także postępy w gojeniu się ran. Po naturalnym porodzie bez powikłań możesz rozpocząć trening po sześciu tygodniach, a po cesarskim cięciu po 12. Pamiętaj jednak, że to są przyjęte normy – w praktyce jest to sprawa indywidualna. Wstrzymaj się z treningami na siłowni, bo jesteś wyczerpana i nadmierny wysiłek może spowodować komplikacje poporodowe, m.in. krwawienie. Bardzo ostrożne i stopniowe wdrażanie ćwiczeń może być dla matki korzystne, ale tylko gdy dojdzie do siebie po urodzeniu dziecka.

Ćwiczenia po porodzie powinny zajmować około 150 minut tygodniowo i być na tyle spokojne, aby nie nasilić krwawienia poporodowego, nie doprowadzić do otwarcia ran poporodowych czy po cesarskim cięciu. Najlepszy będzie trening aerobowy, czyli taki, w którym angażujesz większe mięśnie ciała i poruszasz nimi rytmicznie. Na początek zaplanuj 20–30 minut prostych ćwiczeń dziennie. Z czasem zwiększaj intensywność treningu. Jeśli trudno Ci się zmobilizować, zapisz się do grupy treningowej, na przykład z wózkami, czy po prostu na zajęcia fitness. To pomoże Ci wytrwać w dążeniu do celu.

Zanim przejdziesz do treningu właściwego, poświęć 10 minut na rozgrzewkę, tak aby dobrze przygotować wszystkie mięśnie do wysiłku. Spróbuj rozciągnąć dolne partie pleców, miednicę i uda. Wytrzymaj w odpowiednich pozycjach kilka sekund i wróć do pozycji wyjściowej. Chodzenie w miejscu to również dobry sposób na rozgrzewkę. Po wykonaniu zaplanowanej partii zakończ trening pięciominutową chwilą na uspokojenie tętna. Maszeruj powoli w miejscu i rozciągnij się ponownie, aby uniknąć późniejszych dolegliwości. Nie zapominaj o rozciąganiu mięśni. Dzięki temu nie tylko się wyciszasz po treningu, ale i poprzez wzmożony przepływ krwi dostarczasz do nich więcej tlenu i składników odżywczych.

W okresie laktacji pomocne będą ćwiczenia aerobowe, które poprawią wydolność serca i nie zaburzą produkcji mleka. Oczywiście przed karmieniem najważniejsza jest dokładna higiena, szczególnie piersi. Należy karmić przed treningiem, unikniesz wtedy uczucia ciężkości w piersiach oraz związanego z nim dyskomfortu. Trening może być przyczyną zmniejszenia ilości pokarmu, pamiętaj więc o kontrolowaniu wagi dziecka. Karm je przed ćwiczeniami również dlatego, by temu zapobiec. Nie zapominaj o właściwym odżywianiu. Nieodpowiednio zbilansowana dieta uboga w kalorie w połączeniu z treningiem może być powodem utraty pokarmu.

RÓWNOWAGA PSYCHICZNA

Nasze zdrowie i samopoczucie oparte są na trzech filarach: zdrowym odżywianiu, aktywności fizycznej i równowadze psychicznej. Powinna między nimi istnieć harmonia, bo są od siebie zależne. Wszystkie trzy elementy są równie istotne i nie możemy zaniedbywać żadnego z nich.

Coraz częściej pędzimy przez życie w stresie, zaniedbujemy małe rzeczy, które składają się na naszą radość i spokój. Nie zdajemy sobie sprawy z tego, jak często stres bywa główną przyczyną kłopotów ze zdrowiem, nie tylko fizycznym.

Stała nadprodukcja hormonów jest przyczyną:

- cukrzycy wywołanej glukozą uwalnianą z glikogenu
- osłabienia układu odpornościowego
- zaburzenia pracy serca
- zaburzenia układu trawiennego
- wysokiego ciśnienia krwi
- napięcia mięśni, które powodują bóle
- zaburzenia układu rozrodczego
- zaburzenia układu hormonalnego

Zatrzymaj się na chwilę i pomyśl, czy naprawdę MUSISZ wstawić pranie w momencie, kiedy córka chce się z Tobą czymś podzielić albo mąż wrócił z pracy i chce Cię przytulić? Co jest ważniejsze? Co da radość Tobie i Twoim bliskim?

Ciąża to zazwyczaj idealny czas, aby odnaleźć w sobie spokój i się wyciszyć. Uwierz mi, że poczujesz ogromną ulgę, kiedy zrozumiesz, że nie zawsze musisz się spieszyć i świat się nie zawali, jeśli nie załatwisz w danym momencie tych wszystkich „bardzo ważnych spraw".

Zastanów się, czy jest coś, co zakłóca Twój spokój i przeszkadza w osiągnięciu harmonii. Jeśli tak, co to takiego? Może to jedna mała rzecz, odwieczny nawyk lub kilka innych, które burzą Twój porządek? Znajdź odpowiedź, a rozwiązanie przyjdzie łatwiej i szybciej, niż się spodziewasz.

ZASTOSUJ PONIŻSZE WSKAZÓWKI, A NA PEWNO SZYBKO ODCZUJESZ RÓŻNICĘ.

Bardzo trudno będzie Ci odnaleźć harmonię w życiu, jeśli jesteś od czegoś uzależniona (alkohol, papierosy, niezdrowe jedzenie, gry i tak dalej). Postaraj się jak najszybciej od tego uwolnić. Być może nie zdajesz sobie sprawy, że nałogi z czasem zaczynają sterować Twoim życiem, a to może wpłynąć na przykład na relacje z bliskimi. Czytając te słowa, możesz pomyśleć, że owszem, masz jakąś słabość, ale przecież w każdej chwili dasz radę z tym skończyć. Teraz jest ta chwila. Nie odkładaj tego i postaraj się skończyć z nałogiem już dziś.

Każdego dnia spróbuj znaleźć czas tylko dla siebie, posłuchaj w spokoju swoich myśli. To doskonała terapia. Możesz to połączyć z medytacją czy modlitwą. Jeśli takie metody Cię nie przekonują, to zapal świece, napuść do wanny gorącej wody, posłuchaj muzyki, która Cię uspokaja, poczytaj dobrą książkę.

Jeśli czujesz, że spadła na Ciebie za duża odpowiedzialność za prowadzenie domu, poproś o pomoc bliskich. Może siostra wyprowadzi psa, brat odbierze dziecko z przedszkola, a mąż przygotuje kolację? Nie krępuj się prosić o pomoc czy wsparcie bliskich.

Jeśli czujesz, że pracujesz za długo, nie bój się porozmawiać z przełożonym o podziale obowiązków, a jeśli to niemożliwe, poproś o szkolenie w zakresie organizacji czasu pracy.

Nigdy nie zaniedbuj snu. To najlepszy moment na relaks i regenerację tkanek (regeneracja psychofizyczna). Pamiętaj, że odpoczynek jest bardzo ważny, by naładować baterie i móc świetnie sobie radzić z codziennymi obowiązkami. Jeżeli masz urlop, zawsze staraj się go spędzać poza domem i z dala od rutyny. Nie zabieraj służbowego telefonu, staraj się nie czytać e-maili. Odpoczynek traktuj jako inwestycję w siebie i bliskich, więc zadbaj o jego regularność.

Dbaj o aktywność fizyczną w ramach własnych możliwości – produkowanie endorfin daje radość, a porządny wycisk rozładowuje stres.

Odżywiając się właściwie, będziesz miała dobry nastrój i chęci do życia.

Nie daj się sprowokować błahym sprawom i nie pozwól im zepsuć sobie dnia.

Pamiętaj, że najlepszy sposób na ucieczkę od problemów to znalezienie ich rozwiązania.

Jeśli czegoś nie możesz zmienić – zaakceptuj to.

Otaczaj się ludźmi, od których bije pozytywna energia.

Nie oceniaj innych i nie czuj się oceniana.

Nie porównuj się do nikogo innego.

Nie bój się prosić o pomoc i nie odmawiaj pomocy.

Jesteśmy różni i to jest piękne. Nie wszyscy muszą Cię lubić.

Licz się ze zdaniem ludzi, których uważasz za mądrych. Spokojnie przyjmuj ich ewentualne krytyczne uwagi. To wzbogaca i pomaga się zmieniać na lepsze.

Z radością i uśmiechem przyjmuj komplementy i znajduj u innych powody do mówienia im miłych słów.

Uważaj, jeśli walczysz o pieniądze kosztem czasu dla bliskich i dla siebie – w pewnym momencie będziesz zarabiać tylko na lekarzy.

Zadbaj o realne i regularne kontakty z innymi ludźmi: rodziną, przyjaciółmi, kolegami. Nie czekaj, aż inni się do Ciebie zgłoszą.

Rozwijaj swoje pasje.

Nie krytykuj i nie oceniaj.

Bądź szczęśliwa. Szczęście jest w Tobie, tylko musisz się na nie otworzyć.

Na koniec tego rozdziału chcę się z Wami, drogie przyszłe Mamy, podzielić słowami **Edyty Litwiniuk**. Edyta sama o sobie mówi, że jest przede wszystkim mamą dwóch córeczek i żoną, ale to doświadczona ekspertka, która stale się rozwija zawodowo i jest inspiracją dla wielu kobiet. Jest także byłą zawodniczką lekkoatletyki w biegach i trenerką personalną.

NIE WYWIERAJ NA SIEBIE PRESJI, MAMO!

Pamiętam, jak byłam w pierwszej ciąży, jak bardzo moje ciało się zmieniało i jak wielki to był dla mnie szok. Praktycznie w ogóle nie mogłam na siebie patrzeć. Z tamtego okresu nie mam prawie żadnych zdjęć. Wcześniej wysportowane ciało, a teraz spuchnięta, nadmuchana, czułam się jak kula. Ćwiczyłam w ciąży i zdrowo się odżywiałam, bo wiedziałam, że chociaż tyle mogę zrobić dla siebie i swojego maluszka.

Po porodzie nie było wcale lepiej, wiecie, jak jest. Jak jesteś w ciąży, to widzisz wokół same dziewczyny w ciąży, gdy idziesz z wózkiem, widzisz mamy z wózkiem, a jak urodzisz, widzisz wszędzie płaskie brzuchy... Tak, ja tak miałam. Myślałam, że oszaleję. Jeszcze ta huśtawka nastrojów. Raz krzyczałam w myślach, że udowodnię wszystkim, że mnie też na to stać, ja też zaraz schudnę i już. Innym razem padałam ze zmęczenia i mówiłam: „Chrzanić to, po co mi to wszystko, marzę o tym, by się wyspać". I tyle. Największym ciosem w moją sylwetkę był czas po porodzie, pierwsze osiem tygodni. Na szczęście tuż po porodzie ważyłam tyle co przed, ale czas karmienia piersią kompletnie mnie zaskoczył. W ogóle nie przypuszczałam, że będę miała taki apetyt. W ciągu miesiąca przytyłam chyba kolejne pięć kilogramów. Ciągle jadłam białe bułki z dżemem truskawkowym (nie polecam), ale co ja mogłam zrobić – tak mi się ich chciało. Zresztą musiałam sobie jakoś wynagrodzić poród. Prawdę mówiąc, na nogi stanęłam dopiero trzy miesiące po porodzie. Wtedy postanowiłam wziąć się za siebie i powalczyć o powrót mojego fit ciała.

Dziewczyny, nie wywierajcie na siebie żadnej presji, czas po porodzie jest dla nas niezwykle trudny. Nie warto wtedy w żaden sposób się zamęczać. Nie możesz od razu zacząć ćwiczyć. Jedyne, na co możesz mieć wpływ, to jedzenie, a i nie zawsze tak jest (patrz wyżej).

Droga Mamo, nie czuj żadnej presji. Wiedz jednak, że możesz wszystko. Możesz wyglądać, jak chcesz, wszystko jest w Twoich rękach. Pokochaj siebie i trochę o siebie powalcz! Pamiętaj, że czas ciąży, a w szczególności ten po porodzie jest niezwykle trudny dla każdej kobiety z wielu względów. Bardzo dużo w nas samych się zmienia, zarówno w sferze psychicznej, jak i fizycznej. A może przede wszystkim w tej drugiej. Problemy z zaakceptowaniem zmieniającego się ciała ma każda z nas. Każda mama zrozumie drugą mamę. Mój powrót do formy po drugiej ciąży łatwy nie był, nadal nie jest łatwo. Po pierwszym porodzie wszystko było dużo prostsze, a teraz... ciąża jedna po drugiej dały się we znaki całemu mojemu organizmowi. Jednak nie zamieniłabym na nic innego mojego ciała, które wydało na świat dwie cudowne ISTOTKI. Kocham swój brzuch, swoje rozstępy, cellulit i inne gratisy pociążowe. Ale mimo że w pełni akceptuję swoje ciało, walczę o nie każdego dnia, by żyło mi się zdrowiej. Dziewczyny, zdrowe odżywianie, aktywność ruchowa i profilaktyczne badania są kluczem do zdrowego ciała i życia. Dbajcie o siebie!

Te słowa są dowodem na to, że czasem musimy się zatrzymać i posłuchać, co chce nam powiedzieć nasze ciało. Niekiedy jego potrzeby są inne, niż mówi Ci odbicie w lustrze. Powinnaś być swoją wyrozumiałą przyjaciółką, szczególnie w czasie ciąży i po porodzie. Miej cierpliwość do siebie, nawet podczas gorszych dni. Daj sobie czas – to przyniesie większe korzyści niż wewnętrzna walka. Nie zapominaj też o tym, że macierzyństwo to wdzięczna, lecz bardzo wymagająca i ciężka praca. Odpoczynek, relaks, spokój i regeneracja są bardzo ważne, by zaczynać i kończyć dzień z uśmiechem.

DROGIE MAMY, TRZYMAM ZA NAS KCIUKI!

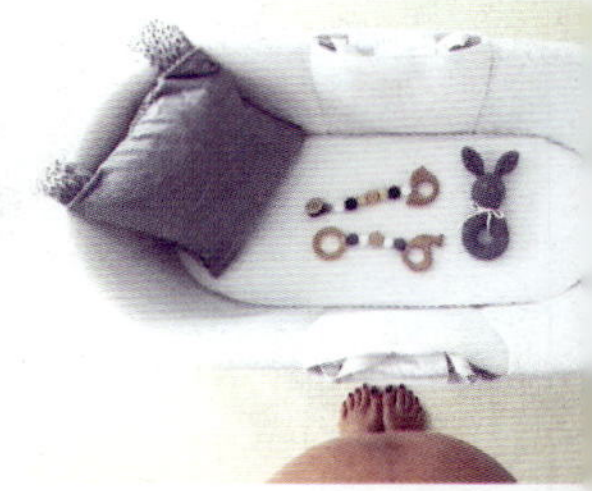

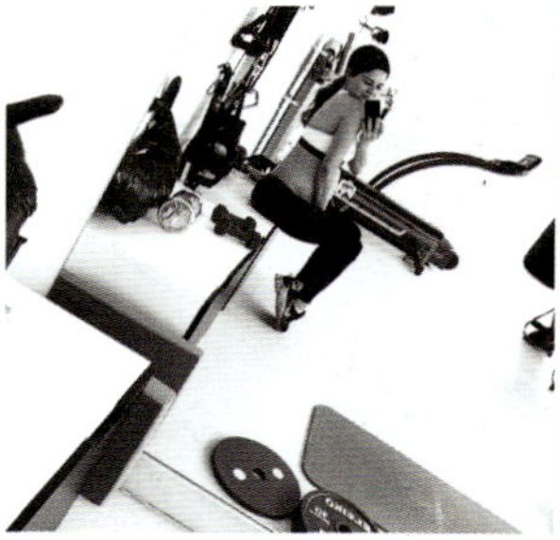

NIE MIAŁAM
ZAMIARU
WYGLĄDAĆ DZIŚ
TAK ŚWIETNIE,
ALE CÓŻ...
STAŁO SIĘ!

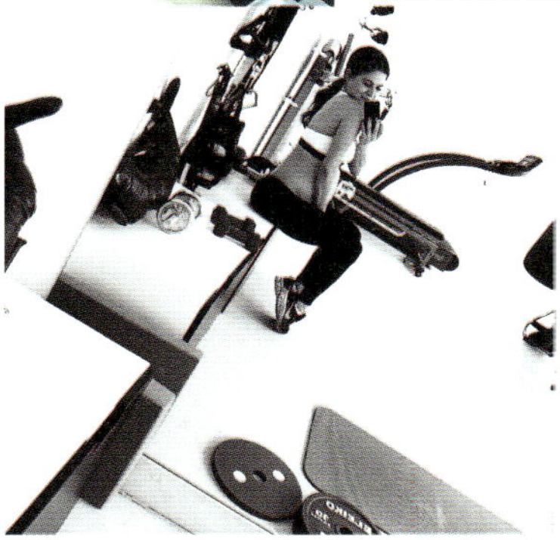

EATALY

BIBLIOGRAFIA

1. Agrawal P., *Odkrywam macierzyństwo*, Wydawnictwo Arcadia 2006.
2. Artal R., O'Toole M., *Guidelines of the American College of Obstetricians and Gynecologists for Exercise During Pregnancy and the Postpartum Period*, Br J Sports Med 2003.
3. Banaszak-Żak B., Dobrzyń D., *Czynniki warunkujące zdrowie kobiety ciężarnej*, Ann, UMCS 2004.
4. Banaszak-Żak B., *Styl życia kobiet w okresie ciąży*, „Zdrowie Publiczne" 2005, nr 115 (2).
5. Baranowska B., Otffinowska A., *Rytm i czas porodu. Indukcja i stymulacja porodu w świetle badań naukowych*, Fundacja Rodzić po Ludzku 2019.
6. Bodnar L.M., Siega-Riz A.M., Simahan H.N., *Severe Obesity, Gestational Weight and Adverse Birth Outcomes*, „American Journal of Clinical Nutrition" 2010.
7. Bolesta M., Szostak-Węgierek D., *Żywienie kobiety podczas ciąży. Aspekty praktyczne*, „Żywienie Człowieka i Metabolizm" 2009, t. 36, nr 4.
8. Borys B., *Ćwiczenia gimnastyczne dla kobiet oczekujących dziecka*, Wydawnictwo Lekarskie PZWL 2000.
9. Brzeziński Z.J., Helwich E., *Zapobieganie wrodzonym wadom cewy nerwowej*, wydanie II rozszerzone, Instytut Matki i Dziecka 2000.
10. Chitryniewicz J., Kulis A., *Wpływ aktywności ruchowej i zabiegów masażu na dolegliwości bólowe kręgosłupa lędźwiowego u kobiet w ciąży*, „Ginekologia Praktyczna" 2010, nr 2 (105).
11. Conway R., *Co jeść podczas ciąży*, Wydawnictwo Espirit 2010.
12. Czarkowska-Pączek B., Przybylski J., *Zarys fizjologii wysiłku fizycznego*, Wydawnictwo Medyczne Urban & Partner 2006.
13. Czech-Kowalska J., Dobrzańska A., *Suplementacja witaminy D u kobiet ciężarnych i karmiących oraz ich potomstwa*, „Standardy Medyczne" 2012.
14. Ćwiek D., *Szkoła rodzenia*, Wydawnictwo Lekarskie PZWL 2010.
15. Dudenhausen W.J., Pschyrembel W., *Położnictwo praktyczne i operacje położnicze*, Wydawnictwo Lekarskie PZWL 2002.

16. Fijałkowski W., *Kinezystymulacja w położnictwie*, w: Kwolek A. (red.), *Rehabilitacja medyczna*, t. 2, Wydawnictwo Medyczne Urban & Partner 2003.

17. Fijałkowski W., *Rodzi się człowiek*, Włocławskie Wydawnictwo Diecezjalne 2006.

18. Fijałkowski W., Markowska R., Michalczyk H.M., *Rehabilitacja w położnictwie i ginekologii*, Wydawnictwo Akademii Wychowania Fizycznego we Wrocławiu 1998.

19. Fojcik M., *Relaks receptą na stres*, w: Różańska-Świerkot B. (red.), Biuletyn Metodyczny, Powiatowy Ośrodek Doskonalenia Nauczycieli w Wodzisławiu Śląskim 2010.

20. Fraś M., Gniadek A., Poznańska-Skrzypiec J., Kadłubowska M., *Styl życia kobiet w ciąży*, Hygeia Public Health 2012.

21. Gawęcki J., Hryniewiecki L., *Żywienie człowieka*, t. I, Wydawnictwo Naukowe PWN 2008.

22. Górski J., *Fizjologia wysiłku i treningu fizycznego*, Wydawnictwo Lekarskie PZWL 2011.

23. Iwanowicz-Palus G.J., *Alternatywne metody opieki okołoporodowej*, Wydawnictwo Lekarskie PZWL 2012.

24. Jabłoński E., Wilczyński J., *Produkty spożywcze naturalnym źródłem witamin dla kobiet w ciąży*, „Ginekologia Polska" 2006, nr 3.

25. Jamioł-Milc D., Stachowska E., Chlubek D., *Skutki spożywania trans nienasyconych kwasów tłuszczowych w okresie ciąży i laktacji*, „Roczniki Pomorskiej Akademii Medycznej w Szczecinie" 2010.

26. Jędrychowski W., Perera F., Jankowski J., Butscher M., Mroz E., Flak E., Kaim I., Lisowska-Miszczyk I., Skarupa A, Sowa A., *Ważne odkrycie naukowców z Krakowa – wyłączne karmienie piersią wpływa korzystnie na rozwój poznawczy dzieci*, „Pediatra" 2012, nr 171 (1).

27. Kaczmarski M., Korotkiewicz-Kaczmarska E., *Alergia i nietolerancja pokarmowa – mleko i inne pokarmy*, Help-Med s.c. 2013.

28. Kaczmarski M., Piskorz-Ogórek K., *Pediatria i pielęgniarstwo pediatryczne. Wybrane zagadnienia*, Help-Med s.c. 2014.

29. Kanadys W.M., *Poporodowa zmiana masy ciała*, „Ginekologia Polska" 1998, nr 67.

30. Karmienie piersią – stanowisko Komitetu Żywienia ESPGHAN, 2002.

31. Kolanko M.A., Kolanko J., *Wybrane metody leczenia i efekty psychoprofilaktycznego przygotowania do porodu w szkołach rodzenia*, „Fizjoterapia" 1997, t. 5, nr 3.

32. Kozłowska J., *Ćwiczenia fizyczne kobiet w ciąży*, Aktualne (2006) stanowisko Royal College of Obstetricians and Gynaecologists, „Medycyna Praktyczna. Ginekologia i Położnictwo" 2007, nr 5.

33. Kozłowska J., Curyło M., *Skutki przygotowania kobiet do porodu i połogu według zasad psychoprofilaktyki porodowej*, „Nowiny Lekarskie" 2005, nr 2.

34. Kozłowska J., *Rehabilitacja w ginekologii i położnictwie*, Akademia Wychowania Fizycznego im. Bronisława Czecha w Krakowie 2006.

35. Kubicka-Kraszyńska U., Otffinowska A., *Nacięcie krocza – konieczność czy rutyna?*, Fundacja Rodzić po Ludzku 2010.

36. Kubicka-Kraszyńska U., Otffinowska A., Pietrusiewicz J., *O bólu porodowym i metodach jego łagodzenia*, Fundacja Rodzić po Ludzku 2006.

37. Kubik P., Leibschang J., Kowalska B., Laskowska-Klita T., Stanisławska A., Chełchowska M., Maciejewski T., *Badanie gospodarki żelazem u kobiet w przebiegu ciąży niepowikłanej oraz we krwi pępowinowej ich dzieci*, „Ginekologia Polska" 2010, nr 81.

38. Lewandowska A., *Żyj zdrowo i aktywnie z Anną Lewandowską*, Wydawnictwo Burda Publishing Polska 2014.

39. Lynch A.M., McDonald S., Magann E.F., *Effectiveness and Safety of a Structured Swimming Program in Previously Sedentary Women During Pregnancy*, „Obstetrics and Gynecology" 2003, nr 14 (3).

40. Markowska M., *Jedz pysznie i zdrowo w ciąży*, Wydawnictwo Feeria 2016.

41. Mazur J., Mierzejewska E., Brzeziński Z.J., *Wiedza, postawy i zachowania kobiet w wieku rozrodczym wobec profilaktycznego działania kwasu foliowego*, Raport z badania ankietowego 1999/2000, Instytut Matki i Dziecka 2000, 90, VIII.

42. Mędrela-Kuder E., *Porównanie odżywiania kobiet w okresach przed i w czasie ciąży*, „Żywienie Człowieka i Metabolizm" 2007, t. 34, nr 1/2.

43. Milanowska K., *Kinezyterapia*, Wydawnictwo Lekarskie PZWL 2003.

44. Mizgier M., Jarząbek-Bielecka G., Durkalec-Michalski K., *Rola aktywności fizycznej oraz masy ciała w etiopatogenezie oraz w profilaktyce występowania ciąży obciążonej cukrzycą*, „Nowiny Lekarskie" 2009, nr 5–6.

45. Murkoff H., *Dieta przyszłej matki*, Dom Wydawniczy Rebis 2015.

46. Nawrot-Borowska M., *Przed narodzinami. Powinności kobiety brzemiennej w świetle poradników z końca XIX i początków XX wieku*, „Studia Gdańskie" 2011.

47. Opala-Berdzik A., Bacik B., Kurkowska M., *Zmiany biomechaniczne u kobiet w ciąży*, „Fizjoterapia" 2009, nr 17 (3).

48. Pisarski T., *Położnictwo i ginekologia*, Wydawnictwo Lekarskie PZWL 2002.

49. Przybyłowicz K., Kalinowska K., *Żywienie kobiet w ciąży a stan urodzeniowy noworodków wyrażony indeksem Ponderala*, „Problemy Higieny i Epidemiologii" 2011, nr 92 (3).

50. Richardson C., Hodges P.W., Hades J., *Kinezyterapia w stabilizacji kompleksu lędźwiowo-miednicznego*, Wydawnictwo Urban & Partner 2009.

51. Rutkowska E., Łepecka-Klusek C., *Rola aktywności fizycznej w przygotowaniu kobiet do porodu i połogu*, „Annales Universitatis Mariae Curie-Skłodowska" 2000.

52. Spaczyński M., *Rekomendacje Polskiego Towarzystwa Ginekologicznego w zakresie opieki przedporodowej w ciąży o prawidłowym przebiegu*, „Ginekologia Polska" 2005.

53. Stanowisko Aktualne (2005) American Academy of Pediatrics na podstawie Policy Statement: *Breastfeeding and the Use of Human Milk*, American Academy of Pediatrics 2005.

54. *Stanowisko grupy ekspertów w sprawie suplementacji kwasu dokozaheksaenowego i innych kwasów tłuszczowych omega-3 w populacji kobiet ciężarnych, karmiących piersią oraz niemowląt i dzieci do lat 3*, „Standardy Medyczne Pediatria" 2010, nr 7.

55. *Stanowisko Zespołu Ekspertów Polskiego Towarzystwa Ginekologicznego w zakresie suplementacji witamin i mikroelementów podczas ciąży*, „Ginekologia Polska" 2011, nr 82.

56. *Stanowisko Zespołu Ekspertów Polskiego Towarzystwa Ginekologicznego. Znaczenie nawodnienia w prewencji chorób u kobiet w wieku prokreacyjnym*, „Ginekologia Polska" 2011, nr 82.

57. *Stanowisko Zespołu Ekspertów Polskiego Towarzystwa Ginekologicznego na temat suplementacji kobiet ciężarnych i karmiących w zakresie witamin i mikroelementów*, „Ginekologia Polska" 2010, nr 81.

58. *Stanowisko Zespołu Ekspertów Polskiego Towarzystwa Ginekologicznego dotyczące spożycia wody pitnej przez kobiety w okresie rozrodczym, ciężarne oraz karmiące piersią*, „Ginekologia Polska" 2009, nr 80.

59. Szachta P., Sieńczewski Ł., *Nietolerancje pokarmowe, czyli ukryte alergie na pokarmy*, VitaImmun Centrum Medyczne w Poznaniu 2017.

60. Szczerbiński R., Karczewski J., Pajączek K., *Zachowania żywieniowe, podaż wapnia i żelaza oraz aktywność fizyczna w okresie poprzedzającym ciążę*, „Żywienie Człowieka i Metabolizm" 2007, t. 34, nr 1/2.

61. Szostak-Węgierek D., Cichocka A., *Żywienie kobiety w ciąży*, PZWL 2012.

62. Szostak-Węgierek D., *Mała masa urodzeniowa a metaboliczny zespół X*, Zakład Żywienia Klinicznego Instytutu Żywności i Żywienia.

63. Szukiewicz D., *Fizjoterapia w ginekologii i położnictwie*, Wydawnictwo Lekarskie PZWL 2012.

64. Świątkowska D., *Poradnik żywienia kobiet w ciąży*, Instytut Matki i Dziecka 2010.

65. Wdowiak A., Kanadys K., Lewicka M., Bakalczuk G., Bąk M., *Przyrost masy ciała w ciąży a wybrane elementy oceny stanu noworodka*, „Problemy Higieny i Epidemiologii" 2011, nr 92 (2).

66. Wielgoś M. (red.) „Biblioteka Ginekologa Praktyka", t. 9: *Żywienie kobiet w ciąży*, Polskie Towarzystwo Ginekologiczne 2013.

67. Wierzejska R., Jarosz M., Siuba M., *Suplementacja diet kobiet ciężarnych – zalecenia a praktyka*, „Ginekologia Polska. Medical Project" 2012.

68. Wierzejska R., Jarosz M., Stelmachów J., Sawicki J., Siuba M., *Gestational Weight Gain by Pre-pregnancy BMI*, „Postępy Nauk Medycznych” 2011, nr 9.

69. Wójtowicz K., Krekora M., Krekora K., *Wpływ aktywności fizycznej ciężarnych na przebieg porodu*, „Kwartalnik Ortopedyczny” 2011.

70. *Zalecany zakres świadczeń profilaktycznych w zakresie promocji zdrowia oraz badań diagnostycznych i konsultacji medycznych wykonywanych u kobiet w okresie ciąży wraz z okresami ich przeprowadzania*, Adamed 2011.

71. *Żywienie niemowląt i małych dzieci. Globalna strategia żywienia niemowląt i małych dzieci*, Raport Sekretariatu Światowej Organizacji Zdrowia 2002.

STRONY I ARTYKUŁY W INTERNECIE

1. http://przepukliny.com.pl/co-to-jest-przepuklina/rozstep-miesni-prostych-brzucha.html
2. http://www.brzuchpoporodzie.pl/rozstep-miesni-prostych-brzucha
3. www.hpba.pl
4. www.edytalitwiniuk.pl
5. https://www.ncbi.nlm.nih.gov/pubmed/21842336
6. https://www.ncbi.nlm.nih.gov/pubmed/18434120
7. http://ajwen.tv/film/webinarium-15-ciaza-i-karmienie-piersia
8. http://dietetycy.org.pl/wplyw-diety-przyszlej-matki-na-rozwoj-dziecka/
9. http://www.acog.org/
10. http://www.kobiety.med.pl/
11. http://www.zawszeokrokprzedastma.org/alergia-nietolerancja-pokarmowa-prof-m-kaczmarski-e-korotkiewicz-kaczmarska/

Burda Publishing Polska Sp. z o.o.
02-674 Warszawa, ul. Marynarska 15
Dział handlowy:
tel. (48) 22 360 38 38
fax (48) 22 360 38 49

Sprzedaż wysyłkowa:
Dział Obsługi Klienta, tel. (48) 22 360 37 77

Redakcja i korekty: Redaktornia.com
Projekt graficzny, skład i łamanie: Maciej Szymanowicz
Zdjęcia okładkowe: Marta Wojtal
Współpraca: Aleksandra Dec, Monika Rebizant,
Piotr Stachurski, Adrian Głowala
Konsultacja dietetyczna: Izabela Czajka
Redaktor prowadząca: Agnieszka Radzikowska
Redaktor techniczny: Mariusz Teler

Zdjęcia: Marta Wojtal, Shutterstock, AFP/EAST NEWS

Wszelkie informacje zawarte w niniejszej publikacji mają charakter informacyjny, nie mogą być traktowane jako porady lecznicze.

Druk: Perfekt, Warszawa
ISBN : 978-83-8053-243-4

www.burdaksiazki.pl